WEB・SNS・数字を味方につけて、
月商50万円・10年続く
教室を目指そう！

趣味から卒業！
しっかり稼げる自宅教室の開業・集客バイブル

高橋 貴子 *Takako Takahashi*
株式会社 Libra Creation 代表取締役
“飛常識” な経営コンサルタント

合同フォレスト

Introduction

自分の人生　生きていますか？

あなたの人生は、誰のものでもないあなたのものです。

あなたが考えたこと、願ったことは
すべてそのとおりの現実の世界として、あなたの世界を創ります。

夫がいるから？
子どもがいるから？
お金がないから？
時間がないから？

それで夢をあきらめますか？

あなたの人生はあなたが思ったとおりに、創られていきます。
夫がいるからできないと思えばできないし、
子どもがいるからできないと思えばできなくなります。

お金がないからできないのなら
いつまでたってもお金は貯まらないし、

時間がないからできないのなら
いつまでたっても時間は作れません。

答えはいつもシンプルです。

「生きたい人生を生きると決めること」

他人の常識はあなたの非常識かもしれません。

けれども、常識を高らかに越える「飛常識」な思いは
あなたが願っている世界を、瞬時に創り上げることができる。

そう私は信じています。

はじめに　～私はいつだって自由な自分に憧れていた～

●教室開業・集客コンサルタントになろうと思ったきっかけ

「高橋さん、私、教室を閉鎖してパートに出ようと思っているの」

親しくしていたパン教室の先生から相談されたのは、私がまだ会社員として働いていたころのこと。

当時私は、パンをこねる機械「パンニーダー」を販売する会社の事業部長兼営業として数々の教室を訪問し、多くの先生方と接していました。

会社の業務と自分の勉強と趣味を兼ねて回ったパンやお菓子教室の数は１５０カ所を超え、そのなかで多くの先生と知り合い、特に仲よくなった先生からは自然と教室経営の相談を受けるようになりました。

「他の教室って、こういうときにどうしているの？」

「集客が安定しないのよ。何かいい打開策はないかしら？」
「こういうときに誰に相談したらいいの？」

当時の私はパンこね機の販売を専門にしていましたが、たくさんの教室の内情を知りうる立場にいたおかげで、自然とビジネスの知識が身についていました。そのため、そこで得た知識を生かし、可能な限りの知恵を絞ってアドバイスをしていました。

すると、次の訪問時には、私のアドバイスを参考にパン教室の運営を変更したら「状況が改善した」「問題が解決した」との報告を受けるようになりました。

そんな話を伺っているとうれしくなって、「こういうことでお役に立てる仕事もいいなぁ」とおぼろげながら思っていたのです。

そんなある日、突然告げられたのが、パン教室閉鎖の話でした。
「高橋さん、私、教室を閉鎖してパートに出ようと思っているの」
「え？　先生のパンはおいしいし、教室の生徒さんも喜んでますよね？　もったいないですよ、教室閉鎖は」

「でも、いまひとつ生徒さんが集まらないの。パンも好きだし、教えるのも好きだけど……仕方ないわよね」

——そのときに私は思ったのです。

「どんなにパン作りのすばらしい技術があっても、教室に生徒さんが来なければ、教室運営は成り立たない」

教室が成り立つためには、「集客」するスキルが必須なんだと。

当時、インターネットマーケティングやインターネット集客についてはまったくの素人でしたが、なんとか手助けしたくて思いつく限りの「集客」のアイデアを提案しました。そのなかから実行可能なアイデアを採用してくださった結果、生徒さんも増えて、パン教室を閉鎖することなく続けることができたのです。

しばらくして先生にお会いしたときに、こんなことをいわれました。

「高橋さんみたいな教室コンサルタントがいたらいいのに。私、そうしたら絶対にお願いする！」

――この一言が、**私が「教室開業・集客コンサルタント」になろうと決めたきっかけ**なのです。

●仕事への原動力は「自由への憧れ」

私が独立しようと決めたのは、お客さまがほしいと思うサービスを私自身の意思で迅速に提供したいと思ったからです。

会社員だと会社の方針と予算があり、社長でもない私は自由に決裁することができませんでした。

「自分で自由にやりたいことを決めたい」と思ったときに独立することを決めました。

起業当時から、教室開業・集客のコンサルタントになることは決めていました。

でも、その前に、自分の教室が全国から生徒さんが来て満席でにぎわう教室でなければ、コンサルタントとして信頼してもらえないと思い、「パン教室アトリエリブラ」を開業しました。３年で開業当時に想像したとおりの、人気教室を作ることができました。

●人生への原動力も「自由への憧れ」

いつでもやりたいように、ほしいものを手に入れて生きていきたい、と思うようになったのは、私が昔は**「不自由だったから」**です。

実家は貧しく、お金がない。

私の学費も出ないから、私はいつでも特待生や奨学生になってお金を工面していました。

父は浪費家で、勤勉な人ではなかったのです。

経済的に親に頼ることはできない人生だ、と子どもながらに思って生きてきました。

大学にも行くお金がなかったので、目指していた旅行会社に入るため旅行専門学校に通うことを目標に、学費２００万円全額を自分で工面するために新聞奨学生になって、新聞配達をして学校に通いました。

朝夕の配達と学業。

身を削るように時間を作り出し、勉学を重ねて、学校では成績3位以内をいつもキープしていました。さらには、最多資格賞も取りました。

行きたい会社に1社目の採用試験で受かり、私はやっと**「自分で自分の人生を手に入れること」の実感、「自由」を得ることができた**のです。

それから先の私は「自分の手でほしい世界をつかむこと」を実践して実現してきました。

- **経済の自由**
- **時間の自由**
- **精神の自由**

この三つの自由はすべて、自分が決めれば手に入れることができる。

そう思うのと同時に、常識や概念に縛られているために**「自分の人生を自由に生きることができていない女性」**が多いことに気づきました。

私は自分がかつてそうだったように、**「不自由な自分を解放」し、「自由」を手に入れて**

「輝く未来をクリエイティブに創る」。

そんな女性をサポートしたいと思うようになりました。

本書では、私自身がパン教室開業の経験と実践から導き出したノウハウを公開していま す。また、教室開業・集客コンサルタントとしてさまざまなクライアントを見てきたなかで培った、普遍的な集客の基礎的なノウハウとマインドもお伝えしていきます。

ですから、パンに限らず、お菓子・料理、さらにはフラワー・雑貨・ハンドメイドなど、多くの自宅で開業可能な教室にも役立つ内容となっています。

なんでマインドも？　と思うかもしれませんが、私が多くのクライアントをコンサルティングするなかで感じてきたことでもあります。

「ノウハウも大事だけど、実践するマインドがもっと大事」――これがふつうのビジネス書と違う点だと思っています。

●〝飛常識〟な未来デザインをする

私はいままで、やりたいと思ったことはすべて実現してきました。

その経験から、**「世間の常識はあなたの常識ではない」**ということを強く実感しています。

だからこそ、いわゆる世間一般の常識の枠を越えて、〝飛常識〟に思考を整えることができれば、**「明日からでもあなたは変われるし、ほしい未来を手に入れられる」**と信じています。

そして、私はそんなあなたの未来の道筋を照らす灯台でありたいと願っています。

2017年11月

〝飛常識〟な経営コンサルタント

高橋貴子

Contents

第2章 開業時に絶対押さえたい教室の骨格作り

第3章 教室のためのインターネット集客の特徴

第4章 人の心を動かす教室のビジュアルデザインの作り方

第5章 人の心を動かす教室集客のための文章術

第8章　数字を味方につける楽しい教室経営の法則

第9章　教室作り九つのコツ
～飛常識なマインドで生徒さんを引き寄せる～

第1章

パン・お菓子教室開業
七つの成功ポイント

1 教室経営に向く人、向かない人

教室経営に向く人とは、ズバリ**「人に教えることに喜びを見出せる人」**です。

「そんなの当たり前じゃないですか？　先生は教える仕事ですし」と、おっしゃる方もいるかもしれません。

もちろん、教えることが好きなのが前提になりますが、実は、案外ご自身を勘違いされている方が多いのも事実です。

それは「教室の先生になる」ことが目的になってしまっているために、本当は自分が「教えることよりも、さらに研究をしてスキルを磨きたい」職人気質であることに気づいていない場合も多いのです。

職人気質の方の思考のスタートは、

・私はこんな料理が作れる。

・私はこんな料理を教えたい。

という**「私視点の思考」**からスタートしているので、生徒さんが「習いたいもの」に焦点を当てたレッスンメニュー作りよりも、「自分が教えたいもの」にこだわります。
また、どこかの資格取得ができる教室に通って、ライセンスやディプロマ（修了証明書）を取った場合も同様のケースです。習ったものをそのまま教えようとするため、教室に来てほしい生徒さんの属性と取った資格のスキルがミスマッチであれば、せっかくの資格も生かすことができません。
両者のケースは結果として**「顧客視点」**が起点ではないので、集客しにくい状況を作り出します。求められるスキルと顧客属性と時代のトレンドは密接な関係にあります。「自分が教えたいこと」だけにこだわると、その背景を見落としがちです。

大切なのは「顧客視点」です。

つまり、教室経営に向く人は**「顧客視点でサービスを提供できる人」**なのです。

この視点のある・なしが、教室開業後の集客に大きく影響します。

2 教室を開業したいと思ったときに最初に考えたいこと

あなたが教室を開業したいと思ったら、最初に何を考えますか？

・開業資金をどれぐらい用意するか。
・オーブンやテーブルなど道具の準備をどうしたらいいか。
・レッスンメニューや料金設定をどうするか。
・新規の生徒さんをどうやって募集したらいいか。

でも実は、最初に考えたいこととは、**「自分が一番わくわくできること」**なのです。

なぜなら、せっかく独立して教室を開こうと思ったのですから、誰かの顔色を伺うのではなく、**「自分が一番やりたいこと」**を優先するべきだと思うのです。

そして、自分がわくわくできることであれば、多少の困難があっても、きっと気軽に乗り越えることができます。

そして、自分で決めて行動するので他人のせいにはしません。

自分で責任を取ることができます。

子どもがゲームを楽しむような、きらきらとした純粋な喜びを大人のあなたでも再現できます。

その楽しい気持ちは、教室の雰囲気や特徴を形作る大切な要素となり、生徒さんを引きつける大きな要因になります。この要素は、人気教室の先生が共通してもっているものです。これはやがて、他の教室と差別化できる「キャラクター」になっていきます。

いろいろな先生とお話をするにつけ思います。技術をきちんと教えることはもちろん大切ですが、やはり**先生の人柄は生徒さんが教室を選ぶ重要なポイント**です。

「また先生に会いたい！」と思われる先生の教室には、いつも明るい笑顔と笑い声が絶えません。

それはなにより、先生自身が「楽しんでいる」雰囲気がちゃんと生徒さんに伝わっているからなのです。

「自分が一番わくわくできること」。これがあなたの事業の原動力になる要素です。

3 教室講師業はサービス業って理解していますか？

「先生」という響きは、なんだか素敵ですよね。人によっては、そう呼ばれることに憧れをもつ方もいるかもしれません。

でもそこは少し立ち止まって考えてほしいのです。なぜなら「先生と呼ばれたい人」は、むしろ「先生になりにくい」可能性があるからです。

先生という職業は**「伝えること」**が仕事です。

生徒さんがほしいスキルを手に入れるためのサポートをする、または、生徒さんがなりたい自分になるための道筋を作ってさしあげることが仕事です。この点では**「サービス業」**だということを理解したほうがいいかもしれません。

先生と呼ばれたい、尊敬されたい、と思う方は時に「自分がどう見られているか」に主点が置かれがちで、生徒さんに敬われることに喜びを感じます。

生徒さんがあなたの教室に通う理由を考えてみると、**「ほしいスキルと、なりたい自分**

を手に入れるため」に通っている方がほとんどです。

その夢を叶えるためにあなたの教室があり、あなたの教室だからこそ通う動機がある。これを理解できると、**「誰に何を伝えるか」**ということがとても重要なのがわかっていただけると思います。

ちなみに、私は自分の教室をモデリングするときに「ディズニーランド」をお手本にしました。ディズニーランドは夢の国です。だから非日常を楽しめます。普段と違う楽しさがあるから、また行きたくなる。そんな魅力をパン教室でも再現したいと思いました。だから私は「キャスト」で、生徒さんは「ゲスト」です。どうやって「ゲスト」に楽しんでもらうのか、その観点からレッスンメニューを組んでいます。

先生は一段高いところにいるのではなく、むしろ生徒さんのなかに積極的に入っていく――そんな先生のほうがやはり生徒さんには好かれていると、さまざまな教室を見るにつけ実感しています。

4 10年続く教室運営をイメージした開業プランを作る

私がコンサルティング（以下、コンサル）のクライアントと初回面談を約束するに先立って、「1年後、3年後、5年後にどんな自分になっていたいか、どんな教室にしていきたいかを考えて来てください」というお話をすると、ほとんどの方は目を丸くされます。

「1年後だって想像がつかないのに、5年後ですか?」というわけです。でも先を想像することはとても大切で、その未来への原動力がいまを創る、と私は考えています。

さて、あなたはご存知でしょうか?

・開業後1年以内に廃業する教室は、70パーセント
・開業後3年以内に廃業する教室は、85パーセント
・開業後10年続く教室は、3パーセント

これが現実です。せっかく思いをもって開業するなら、やはり10年続く教室運営をイメージして作りあげてほしいのです。

もちろん、運営をしていくなかで、いろいろとやりたいことも変わってくるかもしれません。それでも、最初に「とりあえず教室を立ち上げよう！」と思ってやるのか、「10年続けることをイメージしてしっかりしたプランを立てよう！」と考えてやるのかでは、その後の運営が大きく変わってきます。特に収益の部分では雲泥の差が出ます。

これは、趣味からスタートするケースが多い自宅教室ならではの特徴かもしれません。大きな資金が動かないぶん、とりあえずチャレンジしてみることができるからです。

自宅教室での開業は、大きな資本を必要とする飲食店などとは違って気軽に開業できるだけに、特に深い考えもなく開業される方が多いのも事実です。

でも、せっかく好きなことで開業するなら**「10年続くこと」**を一つの目標にして、10年後から逆算した**3年後、1年後の基盤作りを開業時こそじっくり考えてみてほしい**のです。

この**「逆算の思考法」**は開業時のみならず、1年の目標設定、3カ月、1カ月の目標設定、行動計画を立てるときにも必要な考え方です。ぜひこの機会に身につけてください。

5 あなたはどっち？　趣味と仕事の境界線

私がクライアントと数字（収益）の話をするときに、よく問いかける質問があります。それは「自宅教室は趣味にしたい？　仕事にしたい？」という質問です。大抵の方は、「仕事にしたいです！」と当たり前のように答えます。もちろんそれはある意味当然で、だからこそ私に相談してくださっているわけです。

では、「仕事」とはどのように考えたらいいのでしょうか？
人によっていろいろな観点からの考え方があると思います。

・好きな特技を生かしたい。
・人の役に立ちたい、喜んでもらいたい。
・自分も楽しく、家族も幸せにしたい。

これはマインドの部分では、とても大事なことだと思います。

しかし、生徒さんへの思いが強すぎて、

・**生徒さんに喜んでもらうためにレッスン料は上げられない。**

・**近隣教室の価格に合わせないと、魅力を感じてもらえない。**

・**生徒さんの要望に合わせた日程を立てないと、来てもらえない。**

・**もっとサービスしないと生徒さんが他の教室に行ってしまう。**

といった具合に、自らの首を絞めてしまう残念な経営をしている教室も、とても多いのです。

「趣味と仕事の境界線」はズバリ**「収益化しているか、していないか」**です。

レッスン料と経費のバランスが悪くて、家計からもち出ししているケースも珍しくありません。趣味経営から脱したければ、まずはしっかりレッスン料をいただける経営の観点から基盤作りをすることが必須です。

自分は**趣味**でやりたいのか、**仕事**としてやりたいのかで、**最初の目標設定と取り組み方が変わってくる**ことを理解してスタートさせることが大切です。

6 満席なのに赤字教室のナゾ

「あの先生の教室、いつも生徒さんがいっぱいで、にぎわっていてすごいな～」と、あなたが憧れ、お手本にしたい教室もあると思います。

開業には二つの壁があります。

最初は「集客の壁」です。

当たり前ですが、生徒さんが来なければ、あなたは先生になれないですし、教室として稼働することもできません。

次は「収益の壁」です。

残念ながら、「いつも人気で満席の教室」が、必ずしも収益が出ているとは限りません。

もちろん、人気もあり、経営が安定している教室も多くありますが、「やればやるほど赤字になる」といった、人気があるがために経営が悪化するケースもあります。

私のクライアントの悩みも、この**「集客」と「収益」の壁**です。

収益の悩みが出てくるのは、開業後3年ぐらいからが多いです。

なぜなら、初年度は希望をもって教室を開業し、生徒さんのためにと一生懸命サービスをし、とにかく喜んでもらえるように頑張ります。しかしその結果、3年後には生徒さんが多く訪れる人気教室になったのに採算度外視のツケが回ってきた、というケースです。


「プライシング＝価格設定」は、教室を開業するうえではとても大切なことです。

単に「周りの教室がこれぐらいだから、自分はこれぐらいに」といった安易な考え方ではなく、**「長く教室を継続する」観点から価格を設定する必要があります。**

価格設定で重要なことは、「誰に何を提供する教室なのか」ということです。「誰に」という点が変わるだけで、消費に対する価値観も変わります。バリバリ稼ぐ独身ＯＬさんと仕事をもっていない子育てに奮闘する専業主婦の方では、1カ月で自分のために使える自由な金額も、使い方も変わります。

さらに市場のニーズや他の教室とのバランスも出てきます。その点もトータルに考慮して決めたい重要なポイントだからこそ、教室開業時の最初に知っていてほしいのです。

7 新規開業を成功させるリサーチのポイントとは

私は、**「新規事業」**というものが昔から好きでした。

しかし、最初に就職した大手旅行会社はきちんとした縦割りの組織があり、そのなかでしか動けませんでした。自分の立場がまだ低かったので、アイデアがあっても、それを発言して実行するにはほど遠かったのです。

その後ベンチャー企業などに転職し、社長との距離が近い、小回りの利く組織では、発言もダイレクトに届き、アイデアを実行しやすい環境でした。

私が独立し、まだ何もないところでも、自分でアイデアを出してリサーチし、実践していく力をもっていたのは、そんな経験と背景があったからかもしれません。

新規事業を成功させるには、事前の**「マーケティングリサーチ＝市場調査」**は欠かせないのです。これは必須のステップです。**教室運営**において、特に調べなくてはいけないのは**「お客さまになる『生徒さん』のこと」**です。もちろん、業界全体のトレンドなども把握する必要があります。

教室開業のご相談を伺っていると、あまりにも生徒さんのことに興味が向いてない方が多くて驚きます。

「私、○○学校のライセンスを取ったので、そのレシピを使って教えたいんです」「私、健康で安全なパン作りを教えたいんです」といった、「私」が主語になっていることが多いのです。

「私が教えたい」ということに主軸が置かれているので、「どんな人に教えたいんですか？」とお尋ねすると「え？」と答えに詰まることも少なくありません。

教室を開業したいなら、最初にリサーチすることは「教室に来てほしい生徒さん」のことです。「来てほしい生徒さん像」は、このようなイメージで考えます。

まず、年齢・職業・家族構成・世帯年収の他、趣味嗜好・性格・愛読する雑誌・よく見るテレビ番組・生活時間帯・教室に通う理由（技術取得・気分転換）など、50項目ぐらい考えます。次に、その生徒さんが喜んで通ってくれるレッスンは何かを考えます。

「誰に・何を・提供できる教室なのか」が、教室内容やレッスンメニューよりも、先に考えたい重要ポイントです。

Column Chapter 1

サロネーゼと呼ばないで

〝サロネーゼ〟という言葉にあなたはどんな印象をもっていますか？

〝サロネーゼ〟という言葉は、当時流行していた〝シロガネーゼ〟から作られたそうです。ファッション雑誌「ＶＥＲＹ」の編集長が命名し、特集をしたのがきっかけで広まったとされています。

意味は「趣味を生かした知識や技術を教える教室を自宅で主宰する女性たち」のこと。意味だけからすれば確かに私もサロネーゼになるのですが、私個人としては「自分はサロネーゼじゃないよね〜」とずっと思っていました。


なぜなら、私が思うサロネーゼの印象というのは、次のようなイメージです。
・基本的には専業主婦（海外在住など転勤が多く、ご主人は仕事柄高収入）。
・ため息が出るような憧れの邸宅や自宅マンションがサロンになっている。
・高価なインテリア、食器など随所にこだわりがあり、おもてなしのセレブ感がある。

・ガッツリ開業をしているというよりは、趣味の延長がそのまま仕事になっているケースが多い（収益性については人それぞれ、人気教室としてのブランド化を目指す人もいる）。

これは勝手な想像かもしれませんが。でも、これがおおよその世間一般のイメージではないでしょうか。

さて、では私がなぜ自分がサロネーゼじゃないと思っていたかというと、教室事業は、

第一に「仕事」として行うと決めていたこと。

第二に「稼ぐと決めた」こと。

この二つの理由からでした。

私はもともと、バリバリの営業職の正社員を22年経てから開業しています。途中、事業部長職も2社経験しています。自分の数字も部下の数字も計数管理して、会社の事業を運営する側にいる立場の人間でした。

ということは、そのような私が教室経営をする場合、当然事業として運営する形

になりますし、元々の年収を超える事業を目指すのも、ごく当たり前の流れでした。最初から「仕事」として捉えています。

「仕事」として行うと決めていたので、開業当初から会社員と同等の日数（週5日・月22日）を働くことを当然のことと決めました。これがふつうの教室との大きな違いです。通常は週2日か3日ぐらいからスタートする方が多いです。月22日稼働させると決めたなら、その規模の集客が必要になるので、独立するときにインターネット集客（以下、ネット集客）を最初に勉強しました。

「稼ぐと決めた」という点は、共働きであることが大きく関係しています。うちの家計費用は折半です。2人で使う食費、光熱費など暮らしに関わる費用は折半し、それを毎月お互い家計に入れて運営しています。それ以外の費用は自由に使っていいルールです。マンションも持ち家ですが、半分は私の名義になっていますので、当然ローンも半分払っています。

ですから、会社員から独立したときの一番の不安は収入減でした。実際に初年度は、収入が半分になりました。でも、貯金の切り崩しと、自分のできる範囲での緊縮財政でこらえました。

Column Chapter 1　サロネーゼと呼ばないで

彼の生活スタイルはそのままです。彼が冷たかったとかではなく、私が自立するために自分で踏ん張りたかったので死守したラインです。家計費から事業への補填はしなかったので、自分の生活だけが厳しくなりました。

たとえば、スポーツジムを解約したり、食費を浮かすために試作の冷凍パンを朝食にしたり、飲み会や習い事を減らしたり、いま振り返るとよく頑張ったなと思います。それでも、自分が決めた道を自分の足で歩きたかったのです。

そういうわけで、私自身は「サロネーゼ」といわれることには違和感があって、「起業家」といわれるほうがしっくりきていました。誤解がないようにお伝えしますが、私はサロネーゼ的な生活を否定しているわけではなく、その環境でやれる人はもちろんそれでいいと思いますし、もともとの資産があるのはラッキーなことです。

ただ、私は本気で仕事をしたい人には、ゼロからでも「経済的に自由になれる本来の自立」を手に入れることができる道筋を伝えたくてコンサルタント業を行っています。

だから〝サロネーゼと呼ばないで〟なのです。

第１章まとめ

趣味で終わらせない教室経営は、「逆算の思考法」と「お客さまを知る」ことが大事です。

10年続く教室運営をしたかったら、数字の目標設定と戦略的な価格設定が必要です。

やりたいことを収益化するプランニングが、開業時こそ意識してほしいポイントです。

第2章

開業時に絶対押さえたい教室の骨格作り

1 コンセプトのない教室は闇夜のカラスです

「コンセプト」という言葉は人によっては馴染みがないかもしれません。辞書で引くと**「全体を貫く基本的な概念のこと」**と書かれています。一言でいうと「概念」です。

たとえば、「今度開店するレストランのコンセプトは〝近未来〟でいこう」と決めたら、レストランの店名・内外装・メニュー・広告などに〝近未来的な演出〟をしていこうという意味になります。

以前「バリアフリー（高齢者・障害者向け）ツアー」を専門特化した旅行会社が話題になりました。それまでは、その顧客対象に特化したツアーを企画する旅行会社がなかったので世間の注目を集めました。

「誰もが、いつでも、自由に」

これが、この旅行会社のコンセプトです。

同様に、**教室の場合にもコンセプトは必要**です。そこを考えないでレッスンメニューなどを作ってしまうと、「集客できない」＝「生徒さんから選んでもらえない」教室になってしまいます。

たとえば、私のパン教室のメインコンセプトは「ディズニーランド」にしました。「来ると元気になって、楽しい気持ちで帰れる。そしてまた何度でも来たくなる」そんなイメージです。生徒さんは「ゲスト」で私は「キャスト」。だから、最高のパフォーマンスでゲストの皆さんに楽しんでいただきたい。そのためにどんなメニューならいいのか。遠方からでも来てみたいと思える、他にはないレッスンとは何なのか。

そこから生まれたのが「プレゼントしたくなるおしゃれな天然酵母パン」というサブコンセプトでした。成形にこだわるプレゼント向きの天然酵母パンを特徴にしました。

「闇夜のカラス」のことわざのように**「まわりのものと区別がつかない状態」**では、あなたの教室に生徒さんが行く理由がありません。**通ってみたくなる特徴**をきちんと作ることが必要です。

2 教室のコンセプトが大きく集客力を左右する

どんな業種でも重要視されるのは**コンセプト**であるというお話を第1節でしました。

では、このコンセプトの有無は集客力にどれぐらい影響があるのでしょうか。

実例を挙げて説明します。

A：「健康・安全・無添加の、体にやさしい家族も喜ぶ天然酵母パン」
B：「食べるサプリ　野菜の味をまるごと生かした野菜嫌いの子どもも喜ぶ天然酵母パン」

AとB二つのパンがまったく同じ味だとしたら、いかがでしょうか？

パンのコンセプトがより具体的にきちんと伝わるのは、Bだということを理解していただけると思います。

もちろん、Aがダメというわけではありません。**「大衆向け」**の商品としてあらゆる世代の人に購入してもらいたいときには、Aのようなキャッチコピーをつけます。

ただし、これはどちらかというと「大手企業向き」の広報戦略になります。

個人運営の教室には莫大な広告費がないため、**「小さな市場」**すなわち「特定の顧客層」をターゲットにすることで、より効果的に集客ができるようになります。

Bのパンは「野菜嫌いの子どもがいるお母さんで、栄養価の高い無添加の天然酵母パンを食べさせたいと思っている健康意識の高い方向け」のおすすめパンです。

顧客にとってより具体的な内容で目を引くことで、集客しやすくします。

ただし、一点注意しなくてはならないのは、「小さな市場」とはいえ、ある一定数の要望がある分野でないと、まったく反応されないこともあるという点です。

そのためには、事前のリサーチが必要です。

コンセプトが集客力に大きな影響を及ぼすことにはまちがいないので、メニュー作りよりも先に検討したいポイントになります。

3 1位になれる場所を作る！　三つのポイント戦略

教室開業は自宅からスタートしている方が多いので、「1位」というお話をすると、「いえいえ私なんて、そんな先生になれませんよ」という声が返ってきます。

しかし、教室に通う生徒さんは「自分にとってメリットが多い」教室を探しているということを考えると、やはりどこかの場所で**「1位になれるポジションを探す、または作る」**必要があります。では、1位になれる場所をどうやって見つけたらいいのでしょうか。

そのための**三つのポイント**を挙げます。

①立地の優位性

駅に近いとか、サービスにマッチする特定の顧客がたくさんいるエリアという地域特性があるような場所。

②サービスの優位性

内容・価格・時間・提供方法など他の教室が提供しておらず、かつ、需要があるサービスを提供できること。

③客層の優位性

年齢・趣味嗜好・活動時間・ライフスタイルなど多様な切り口があるなかで、自分のサービスが有利に働く層を開拓し、「誰に」提供するのかを明確にできること。

この三つのポイントをうまく組み合わせて、自分の教室が1位になれる場所を探すのが戦略です。

たとえば、私のパン教室には立地の優位性はありません。最寄り駅のどの駅からもバスになります。そのため、近所にはこだわらず遠方からでも「このパンを習いたい！」と思う生徒さんに来てもらえるようなサービスの提供と客層の絞り込みをしました。

たとえば、「低糖質パン」のクラスは、「糖質制限」と「おしゃれさ」をキーコンセプトにしました。「低糖質パンでもおしゃれでおいしい」と評判を呼び、レッスンは飛行機で通う生徒さんがいるほど人気が出ました。

自分の教室が1位になれる場所を探すことは特徴も作ることができて、集客にもとても効果的です。

4　集まらない教室のコンセプトの落とし穴

コンサルの初回のご相談でよくある話です。すでに大手料理教室などでディプロマを取得しているクライアントから、「こんなレッスンで開業したい」と希望を伺うケースがあります。

もちろん、そのままの講座メニューでも集客できる目算がある**（立地・サービス・客層の優位性が高い）**なら大丈夫だと思いますが、通常は難しい場合が多いです。

なぜなら、そのサービスはすでに大手教室が提供していますし、同じサービスなら大手が選ばれる可能性が高いからです。

個人教室に通うのは、それを好む生徒さんにとってのメリットが必ずあるからです。

たとえば、少人数がいいとか、日付の融通が利く、自宅の近所、先生が魅力的、サロン的なインテリアが好きなど、個人教室ならではのメリットがあります。

資格を取ったからそのまま講座を教えるのではなく、ご自身の教室のエッセンスをプラスして独自のものに作り変えていただきたいのです。

資格は単なる目安でしかありません。ものすごくレアな資格は別として、クライアントの生徒さんにとって先生のもっている資格が魅力なのではなく、「自分が何を習得できてどんな素敵な自分になれるのか」に興味があるのです。

そのポイントをはずすと、いくらホームページ（以下、ＨＰ）で資格を羅列したプロフィールを記載しても生徒さんの心には響きません。

コンセプトを作るときには、**自分が提供できることと生徒さんに求められること**の両方を満たす重なるポイント（＝**集まるコンセプト**）を上手に見つける必要があります。

重なるポイントが大きければそのぶん生徒さんに支持される確率も高くなり、集客もしやすくなります。

教室を開業するときには「自分ができること」だけからコンセプトを作りがちなのですが、**生徒さんのニーズを満たしていないものは、そのまま「集まらないコンセプト」になってしまう**ので注意が必要です。

5 教室のキャッチコピーと先生の肩書きの関係性

私の主催する開業アカデミーで、「教室にキャッチコピーを作りましょう」という話をすると、クライアントに「料理教室にキャッチコピーって必要なんですか？」としばしばいわれます。

しかし、**「キャッチコピーはあったほうがいい」**のです。なぜなら、長々と教室の特徴を説明されても、おそらく生徒さんの印象に残らない可能性が高いからです。

わかりやすく特徴を説明したキャッチコピーがあると、**「どんな教室で何を教えてもらえるのか」が一目瞭然なので印象に残りやすくなります。**

先生の肩書きも同様で、「教室名＋主宰＋名前」という一般的な書き方でももちろん構わないのですが、もっと印象に残る名前だと生徒さんに一発で覚えてもらえます。

キャッチコピーの例を紹介します（架空の例です）。

「パン屋さんにも売ってない　プレゼントしたいおしゃれなパン作りを学ぶ　オリジナ

ル創作デザイン天然酵母パン教室」

実は私のパン教室は「プレゼントしたくなるおしゃれな天然酵母パン教室」なので、今回は、コンセプトを踏襲して見本として作ってみました。

ターゲットは「変わった成形やおしゃれな成形を好む人、プレゼントで驚かせたい人、デザインありきのパンに興味がある天然酵母好きな人、パン作り経験者でかつ、中・上級クラスの人」です。

ふつうはパンの酵母、素材、健康といった切り口で紹介するパン教室が多いのですが、これは思い切って**成形好きのニッチな人たち向けの教室コンセプト**になっています。

キャッチコピーと同様に、肩書きも特徴的なものだと印象に残りやすいです。私のパン教室での肩書きは、「飛常識なパンの女神」としています。

「プレゼント」はわくわくする楽しいイメージなので、ディズニーランドのキャラクターをイメージして、ＨＰのトップ画像に女神の写真とパンの写真を配置しています。これは、「パンの女神からのプレゼント」のイメージです。

このように**強いキャッチコピーというのは、「印象に残りやすい、内容が伝わりやすい」というメリットがあります。**その点を意識してキャッチコピーを作ってみてください。

6 未来の生徒さんに探してもらえるコンセプトの作り方

ネット集客において、将来教室に通ってくださる**見込み顧客である生徒さんが、あなたの教室を探し当ててたどり着いてくださる**というのはとても大事なことです。

ではどうやったら、あなたの将来の生徒さんはあなたの教室を探してきてくださるのでしょうか?

その答えのキーワードは**「検索」**です。

あなたがもしもパンを習いたいと思ったとき、Google や Yahoo! といった検索エンジンを使って検索するのに、どんなキーワードを入れますか?

「パン教室」という言葉はきっと入れると思います。

では、どんなパンを習いたいですか?

「天然酵母」または「自家製酵母」という酵母から検索するかもしれません。たとえば「バゲット」などと、パンの種類から検索するかもしれません。できれば近所で習いたいと思ったら、地名を入れるかもしれません。そうすると、おそらく「天然酵母　パン教室　バゲット　横浜」といった感じで検索するかもしれません。

未来の生徒さんに自然に自分の教室を見つけてもらうためには、**「顧客の検索心理」を理解する**必要があります。**困っていること、悩んでいること**は特に検索されやすい項目です。

たとえばダイエットしたい、でもパンを食べたいと思ったら、「低糖質パン」で検索するかもしれませんし、もっとダイレクトに「太らないパン」という言葉で検索するかもしれません。

コンセプトとキャッチコピーとキーワードは連動します。マーケティングリサーチをしてご自身の教室の特徴を見つけ、その特徴を言語化してきちんとキャッチコピーに盛り込むと、教室を見つけたい未来の生徒さんにきちんと届きます。

このように、生徒さんに自然と見つけてもらえるのであれば**「集まってくる」**ことになるので、集客の労力は軽減されることになります。

その仕掛けを**上手に言語化できるスキル**も、集客する際の大きな武器になります。

Column Chapter 2

開業って、だから面白い

「開業する！」と決めたとき、不安はありましたか？

これはいま現在、会社勤めで、これから教室業をやっていくために会社を辞めるかどうか迷っている人からいただいたご質問です。

私の答えは「NO」です。正確にいうとまったく不安がなかったわけではないのですが、私の場合は「やると決めたらやれる」という信念のようなものがあって、「独立開業してもやっていける！」という根拠のない自信があったのも事実です。

私は22年の正社員生活で4職種を経験しました。ツアープランナー、インテリアコーディネーター、ブライダルバンケットプロデュース、パンこね機営業。バラエティに富んだ職種です。どの職業でも人に感謝される営業職を選び、勤めてきました。

その時々のステージでやりたい職業を選んで転職しました。転職はステップアップがメインだったので、転職するたびにお給料は上がっていきましたし、切れ間なく転職していたので、有休はほとんど使い切れませんでした。

法人・個人、定価があるものないもの、億の取引もあれば数万円レベルの取引まで数々の数字を扱ってきたので、いろいろな事業モデルを経験していることも、いまの私の事業展開の幅を広げています。

その経験は、そのまま多業種をコンサルできるスキルとして生きています。いま振り返ると面白いなと思います。

開業のきっかけになったのは、「自分の企画を、スピード感をもって実現させたい」という思いからでした。そのため、会社という大きな組織だと私にとっては窮屈で、自分が社長になれば倍以上のスピードで実現できると考えた、生意気な会社員でした。

最後の会社員時代の職業はパンをこねる機械を販売する営業のマネジャーでしたので、たくさんの教室を回っていました。そのときから教室が抱える課題に気づき、これを解決できるコンサルタントになりたいと思ったのが独立の大きな動機です。

そのためには、実感をもって自分で運営をしてみないと、適切なアドバイスができないと思ったので、パン教室を開業しました。

つまり、私のパン教室の開業の原点は「ビジネスモデル作り」だったのです。

当然、料理教室業界のリサーチもしました。私が後から参入しても、勝機があるかどうかを考えたとき、一番の強みは「インターネット&パソコンの操作能力がある」「営業力がある」ということだと気がつきました。

当時、料理教室の先生はパソコンが苦手、営業はやったことがないという方が90パーセント以上だったので、この土俵ならやっていけると考えたのです。

開業当初、各種の教室開業について調べたら、あまりにも簡単にできてしまうことに驚いたのをいまでも覚えています。

特に自宅開業については、名乗れば今日からでも開業できる、その気軽さに驚きました。飲食店や店舗経営と違って、開業時自己資金のハードルがとても低い。しかし、気軽に開業できるだけに、すぐに潰れてしまう教室も多いのは容易に想像できることでした。

現在、主婦からの開業、OLからの開業、どちらの方のご相談にも乗っていますが、どこまで稼ぎたいかのラインは両者で大きく分かれます。

主婦の方は月商15万円程度、OLの方は月商30万円程度を目指すことが多いのですが、両者の一番の違いは、モチベーションと気持ちのタフさです。

Column Chapter 2 開業って、だから面白い

曲がりなりにもサービスを提供して対価をいただくという経済活動になるので、アクシデントやトラブルに巻き込まれることもあります。そのときの対処とマインドの強さは、やはり社会経験がある方は経験値があるので優位に働くことが多いです。

ビジネスとして捉える場合に、一番ネックになるのはマインドです。「覚悟が決まっている人」は主婦でも成功しますし、「覚悟がない人」は会社員からの開業でも失敗します。私は「やると決めたらやれる」と思っていたので、会社をスッパリ辞めて準備にも専念しましたし、実際に教室をコンスタントに月に22日稼働させるぐらいにまで成長させることができました。

自宅開業は誰にでもできますし、自分の生きがいを実現できる素敵な働き方の一つです。だからこそ、辛いことも困難も全部ひっくるめて「だから、開業って面白い！」といい切れる、明るい前向きなマインドが必要なのです。このマインドがあるのとないのとでは、その後の教室運営に大きな差が出るのはまちがいありません。

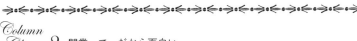

第2章 まとめ

教室の骨格作りには「コンセプト」が必要です。

コンセプトがしっかりしている教室は、他の教室との差別化もできていて、結果として未来の生徒さんから自然と探してもらえる「集まってくる教室」になっていきます。

コンセプト作りでは必ず「顧客視点」を軸に作り、それをきちんと言語化します。

これが、労力が少なくて「集まりやすい教室」を作るポイントです。

第3章

教室のためのインターネット集客の特徴

1 最初に考えたい教室のインターネット集客とは

私がもともと**教室集客のためにインターネットを活用**しようと思ったのは、営業時代に炎天下でのチラシ配りというアナログ営業を体験したことからでした。

通勤の忙しい時間に興味のないチラシを差し出されても迷惑なだけです。人の迷惑そうな顔を見るたびに、「なんて不毛な作業なんだ」と思っていました。

効率よく集客をするためには、**ネット集客は必須**。そう思い、最初に探したのは「ネット集客に強いコンサルタント」でした。そのグループに入会して気づいたのが、いわゆる「ネット集客」を日常的にやっている人は、物販の人が多いという現実でした。

入会当時「料理教室の先生」でそこに在籍している人は、ほとんどいなかったと思います。メンバーの8割が物販、男性経営者という環境のなかでネット集客を学び、自分の教室運営に応用しているときに、いつも思っていたことがありました。

それは、**「教室業界はインターネットに疎い」**という事実です。私自身はもともとパソコンも苦手ではありませんでしたが、女性は特に職人型が多く、ビジネス上ネット集客は大事だとわかっていても、苦手意識から放置している人が多いのです。

だとすれば、私がものすごく頑張れば、この業界ではきっといいところまで行けるに違いないと思い、物販業界のネット集客法を教室に応用したのが始まりでした。予測どおり、他の人がやっていない新しい領域で**ネット集客を体系化して実践**することができたので、かなり早いスピードで教室集客を実現し、経営を安定させることができました。

教室のネット集客の特徴は、人柄や教室のコンセプトに大きく左右されることです。物販のように数をさばくための集客とは少し違います。

ネット集客には、さまざまな手法と特徴があります。物販は集客数がそのまま売上に直結するため、認知度アップの方法が重要視されます。もちろん、教室の場合にも数は大切ですが、他にも単価やリピート率という複合要因も絡むため、**「人」ありきのSNSなどでの集客が効果的**です。

効率よくネット集客を行うためには、業種特徴をつかむことが大切です。

2 戦略と戦術をまちがえない！無駄のない教室集客の考え方

私の事業設計は、**「戦略と戦術」を分けて考える**のが基本です（図3－1参照）。

ここで少し「戦略と戦術」についてお話したいと思います。

私がベースにしている考え方は、ビジネスの世界では有名な**「ランチェスター戦略（弱者の戦略）」**です。

皆さんにとってはあまり聞き慣れない言葉かもしれませんが、とても大切な話なので頭を整理しながら読んでいただければと思います。

まず、「ランチェスター戦略」とは、個人事業主や中小企業が大企業に対抗できる策として有名で、「弱者の戦略」ともいわれています。

業界で大きな影響力と支配力と資金をもつ大企業が立てるＰＲや顧客獲得の方法に対して、狭い市場でより個性が発揮できる特徴を武器に、**大手に負けずに選ばれる教室にしていく戦略**をいいます。

図3－1　戦略と戦術の考え方

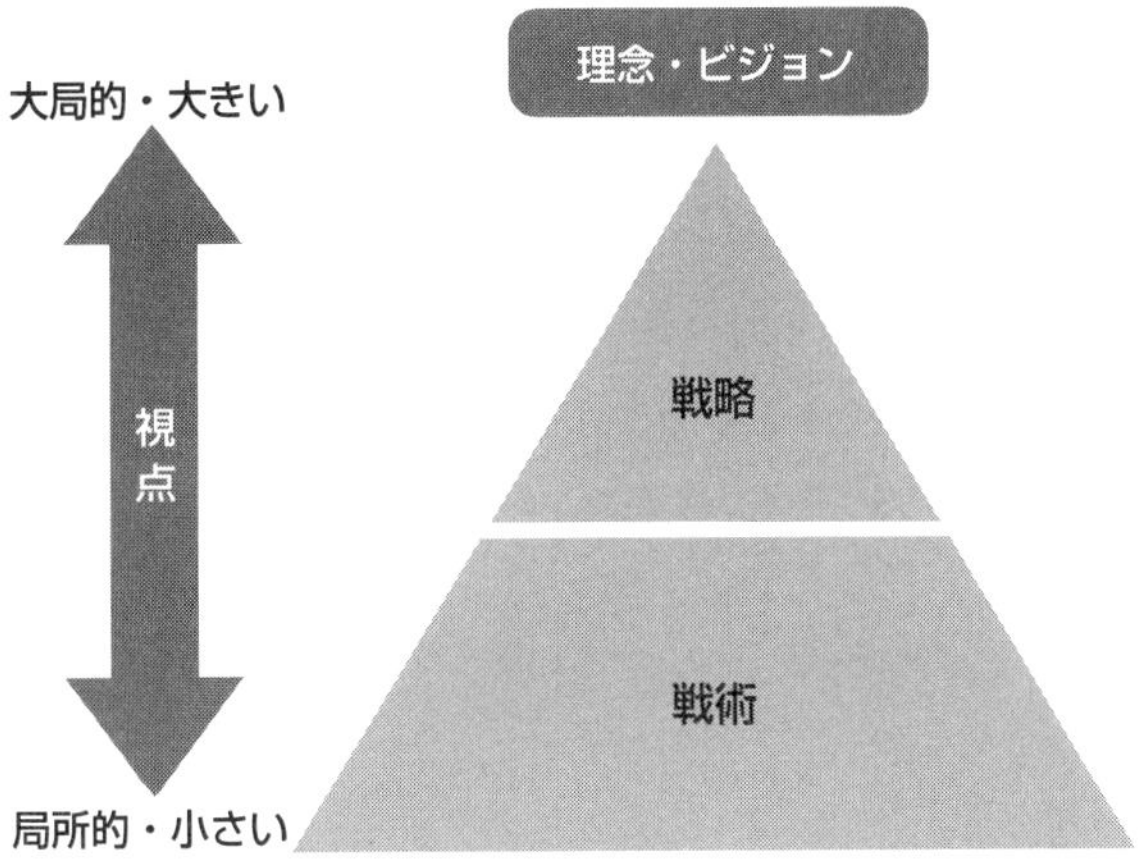

1対1の接近戦で顧客の心をつかみます。

資本力がないぶん、**差別化できる特徴（大手企業に勝るサービスや運営方法など）で勝負する**というわけです。

たとえば、全国展開をしている大手料理教室を思い浮かべてみてください。

大手は駅前立地で利便性とチェーン展開を武器に広告宣伝を行い、認知度を上げて多くの生徒さんを獲得していきます。システム化が進んでいる場合には、スクールメリットもあるため、個人教室よりもレッスン料が安いケースもあります。

では、個人教室に通う生徒さんにとってのメリットとは何でしょうか。

立地はよいに越したことはありませんが、駅から遠くても人気の個人教室はたくさんあります。個人教室の場合には、大手にはない少人数でのきめ細やかで丁寧な指導や、画一的なプログラムではなく、そこでしか習えないプログラムも作れます。大手ほどたくさんの生徒さんは要りませんので、各生徒さんとの距離感が近くなります。

ですから、何かしらの領域で**「1位になれる場所を考える」**。他にはない強みで1位になれる特徴を考えることが必要になります。

戦略のイメージは、おおよそ分かっていただけましたでしょうか。

では次に、**「戦略と戦術」を教室の先生の業務レベルに落とし込み**をしていきます。

まず、**戦略とは「目標に向けた方針を立てること」で、社長の仕事**。教室運営でいうと「どんな教室を作り（コンセプト）、どんな生徒さんを集めるか」を考えることです。

次に、**戦術とは「具体的な方法」で、社員の仕事**。教室運営でいう「決定した生徒さんに向けて具体的なツール（ブログやFacebookなど）を使ってＰＲする」という実働の部分のことです。

教室の先生は1人で社長と社員の仕事をこなすことになるため、「**戦略と戦術**」が混乱して、実行順序がおかしくなったり、そもそも全体を把握しないでやみくもにブログを書く人が出てきてしまうのです。これでは結果として効果は現れません。

教室集客を効率的に行うためにまず必要となる「**戦略作り**」。そのための一番有効な方法を考えます。次に「**戦術実行**」です。戦略を実現するために実際に動きます。対象となる将来の生徒さんにとってブログが有効ならブログを書く、Facebookが有効ならツールとして活用する、YouTubeが有効なら動画を撮ってアップするなど、生徒さんによって具体的な活動も変わります。

もちろん、さまざまなメディアをフルに使って集客をする方法もあります。集客速度を早めたいなら、全部を同時にやるほうが早いです。

ただし、やみくもにやるのでは、効果が出ません。なぜなら「**戦術は戦略に従う**」からです。

つまり、**先に全体戦略を組む、その後に戦術活動に入る。**

これが無駄のない教室集客の考え方の第一歩です。「**戦略と戦術**」**をまちがえない**よう、よく整理して理解しておいてください。

第1章
第2章
第3章
第4章
第5章
第6章
第7章
第8章
第9章

3 基本のインターネット集客導線設計の組み立て方

最近、ソーシャルメディアといわれる、インターネットを利用した双方向コミュニケーションサービスは、本当にたくさんあります。私が教室を開業した6年前はメインがブログぐらいでしたので、ブログとHPでほぼ集客ができていました。

もちろん、それなりの「量」が必要なのはいまも昔もそんなに変わりません。ブログも毎日1記事はコツコツアップしていて、教室本格オープンの前までに集客できる記事が250点以上はでき上がっていました。

私のクライアントの一番の悩みは、**「教室集客は何から始めたらいいのかわからない」**ということです。

これだけたくさんのメディア（ブログ・Facebook・Instagram・YouTube・メールマガジン［以下、メルマガ］・LINE＠など）が、PRツールとして存在する現在ならなおさらのことです。私が開業した当時よりもはるかに**時代は多様化していて、かつスピーディ**になっています。

人によって集客方法（戦術）についてはさまざまな見解があるでしょう。ブログだけ、Facebookだけで集客できる方法を教えてくださる方もいらっしゃいます。

私は昔から、自分のホームグラウンド＝**HPを軸に戦略と戦術を決定**しているので、この考え方をクライアントにもお伝えしています。

具体的には、「HPをメインの申込みの場所として位置づけ、SNS全般はHPに誘導するためのツールとして使う」という考え方です。

メインのサービス内容や、自分の思いなどは、すべて自社メディアのHPに書いておきます。それを読んで申し込んでいただくための誘導ツールとしてSNSを使うと考えると、**「顧客の誘導導線」**はすっきり整理されます。

入り口はたくさんのSNS、出口はHP一つにすると、教室のよさを理解してもらい、申込みにつなげるためにはどういうPR活動をするべきなのか、という導線がクリアになります。

4 集客という言葉の裏の意味とは

「集客」という言葉を聞いたときに、その意味は**「お客さまを集めること」**というのは誰でも容易に想像がつくことだと思います。しかし、実際には私たちはこの言葉を別の意味を含めて、無意識に日常的に使っていたりします。

集客という行動に対して、実際に皆さんが求めるものは**「成約（申込み）」**だと思います。もしもそうでなければ、WEBサイトに人が見に来てくれればそれで「集客ができた」ことになります。

もちろん、人が集まることで「集客ができた」という評価はまちがいではないのですが、本来は、**「実際に申し込んでいただくまで」**を**「集客」**といっています。だから、「私、集客できないんです」という実際の意味は、「人が集まっても、契約が取れなかった」ということになります。

集客の人数よりも、成約する人数のほうが重要です。そのゴールを最初にしっかりと作

図3－2　ネット集客　集客と成約の流れ

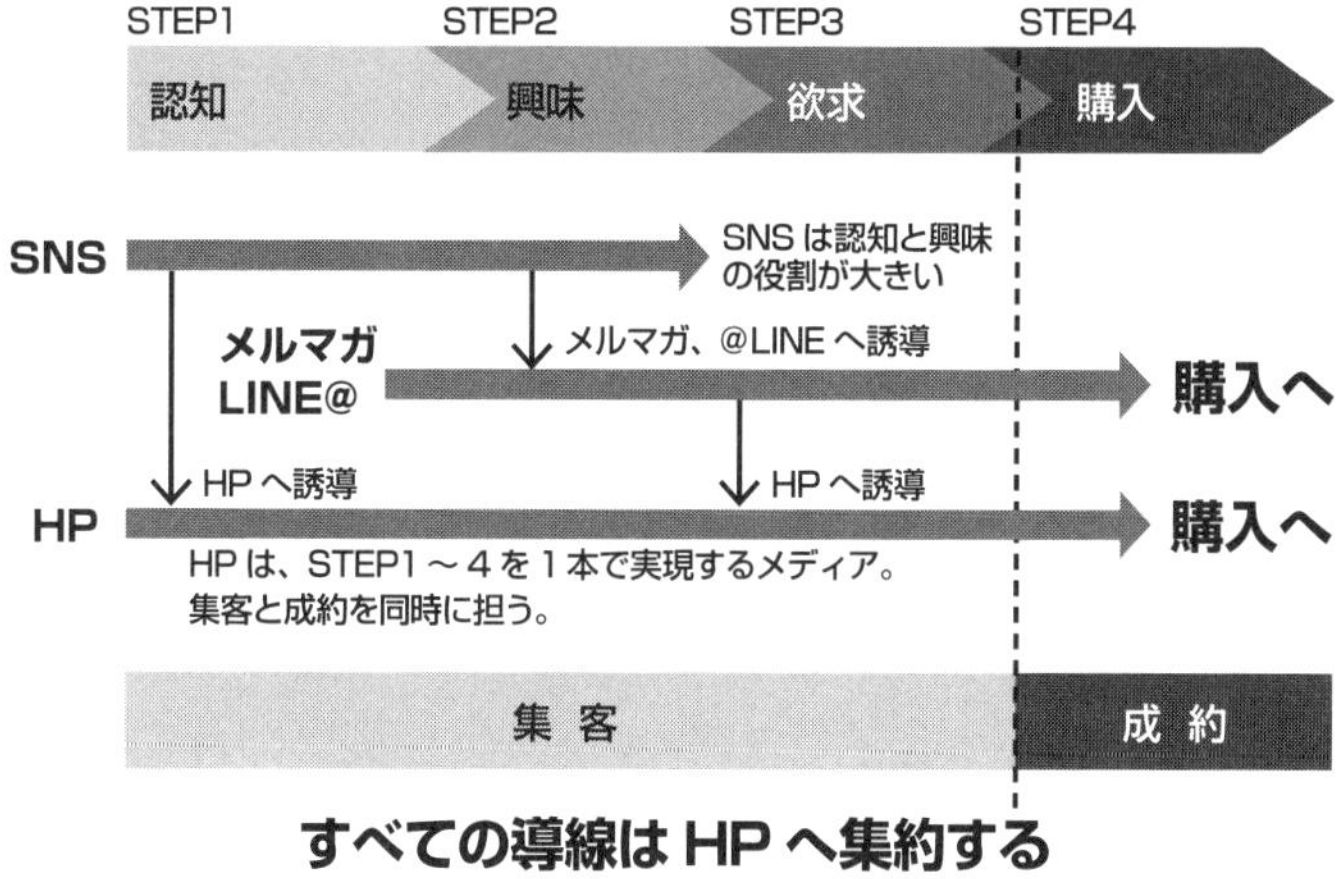

り上げることが大事です。1000人の集客で1人成約するよりも、100人の集客で1人成約するほうがよいのです。

このように、**「集客」**と**「成約」**は別の作業と考えるほうが、皆さんが行う活動が明確になります。

目指すべきゴールは成約です。この成約の場所をHPに置くことを私はおすすめしています。このHPへ誘導するツール（SNSやメルマガ）は集客のためのツールだと考えています。集客ツールを使って成約場所へ導くことが、**ネット集客**の導線設計なのです（図3－2参照）。

5 生徒さんが自然と申し込みたくなるメディアの作り方

まず、最初に考えたいのは**「自然と申し込みたくなる行動を起こすメカニズム」**です。人はどういうときに、申込みをしたくなると思いますか？　そしてその背景には絶対に欠かせないものが一つあるのです。それは一体何だと思いますか？

答えは、**「信頼」**です。

信頼がなければ、物やサービスは購入できません。「この商品（サービス）は私にとってこんな素敵なことをもたらしてくれるに違いない」という期待値が購入に向かわせるのですが、その背景にあるのが信頼です。

「この先生から習うなら、まちがいない」と思ってもらえる信頼関係。この**信頼をどれだけ上手に築けるかが、ネット集客では大切な視点**になります。

教室の先生になっていらっしゃる皆さんは、特定の分野のスペシャリストであることはまちがいないでしょう。

未来の生徒さんは、必ずしも「技術」だけを求めているわけではなく、**「何を習えるか」**と同様に**「誰から習うか」**ということも重要視しています。実際にHPのアクセス解析でも、コースメニューに次いでよく見られているページは、「お客さまの声」と「講師プロフィール」です。こちらはほぼ同等の関心度になっています。

技術はもちろんのこと、その教室で生徒さん自身が楽しくいられることを考えると、当然のことながら「講師との相性」も視野に入れるのがふつうです。

「先生への親近感」を感じてもらう要素として、「親しみやすさや明るさ」があります。プロフィール写真や教室のレッスン風景からも伝わりますし、地道な部分ではブログをコツコツと更新していることなども評価されます。

トータルで信頼していただくことが、申込みのハードルを下げることになります。ですから、生徒さんに役立つ情報を惜しみなく提供する、明るくて雰囲気がよくて、通っている生徒さんに慕われている先生（**＝信頼できる先生**）、ということが伝わることが重要なポイントになります。

6 1人の生徒さんの声は10人の生徒さんを連れてくる

「1人のお客さまの後ろには10人のお客さまがいる」
という言葉を聞いたことがありますか？

目の前のお客さまは1人かもしれません。しかし、その人に関わる、目に見えない無数の人脈やネットワークが存在しています。そのため、1人のお客さまを満足させることができたら、少なくとも10人に口コミが伝わっていくという意味です。

逆にこの1人のお客さまに不満をもたれてしまうと、残念ながら「負の口コミ」のほうが強力かつ伝播力が早いので、10人どころではない、何十人、何百人という人に悪い口コミも伝わっていきます。

ですから、まずは、**「目の前の1人のお客さまに満足していただくこと」**に注力します。1人の生徒さんに満足していただければ、実際の口コミによってリアルにその方の友人が来てくださるかもしれません。

また、ＷＥＢ上に生徒さんの満足した声を掲載できるのであれば、思いに共感した方が、「あなたに習いたい」と思って教室に興味をもち、申込みをしてくれるかもしれません。

「1人のお客さまの後ろには10人のお客さまがいる」という効果を最大限に発揮させるのであれば、「生徒さんの声」をたくさん載せることが何より効果的です。

私自身も開業当初から1年半は、講座を開講&終了するたびにアンケートを取って、新規講座作りのヒントにしたり、ＨＰに生徒さんの声として掲載したりしていました。おそらく、１年半で１５０件ぐらいは集めたと思います。

実際に、この声を読んだ新規の生徒さんから「共感できる内容だったのでこちらの教室に決めました」というコメントもいただきました。

ですので、教室を開いている方々には積極的に生徒さんの声を集めるようにアドバイスしています。満足いただけた生徒さんの声は、そのまま**集客に直結する貴重な声**なのです。

7 あなたの代わりに24時間働く営業マン

営業経験者なら誰もが実感したことがあると思うのですが、営業は活動を止めれば売上は止まります。そのため、売上を上げ続けたければ、何らかの営業活動をし続ける必要があります。そのままにしておくと、いつか売上はゼロになってしまいます。

しかし、HPの営業活動は、内容が顧客のニーズに合致するものであれば、深夜だろうが早朝だろうが、あなたが寝ていても予約がきちんと入ります。

独立後、ネット集客の導線設計をして、HPを朝チェックしたときには感動しました。私が寝ていたにもかかわらず、申込みが入っていたのです。

もちろん、このシステムは、私が旅行に行っていても、何か他のことをしていたとしても、粛々と未来の生徒さんをサイトに集め続けて、成約してくれます。

自分がリアルタイムで動いていなくても、予約が入るというネット集客の仕組みは本当にすばらしいと思いました。それは、自らが動いて売上数字を作ってきた経験があったからこそ、より実感したのかもしれません。

〝HPはあなたの代わりに働いてくれる優秀な営業マン〟なのです。

そしてその優秀な営業マンにしっかり仕事をしてもらうためには、当然メンテナンスを必要に応じて行っていかなくてはなりません。

HPはでき上がったら完成ではなく、そこからがスタートです。お客さまの声を反映しながら、見やすい、わかりやすいサイトへ微調整を繰り返すことで、より成約率の高い営業マンに成長していくのです。

HPはいわばあなたの分身です。愛着をもって手入れをすれば、その思いをきちんと未来の生徒さんに伝えてくれます。見ただけで申し込みたくなるHPを作っておけば、あなたの手間は軽減されます。

効率よく成約を実現するには、HPの作り込みという工夫が必要です。

Column Chapter 3

「私は運がいい！」っていい切れますか？

私は昔から自分は運がいい人だと思っています。

なぜなら、大抵ほしい物も、やりたいことも手に入れることができているからです。新しいことをするにしても、できないと思ったことはほとんどないのです。

根拠はないのですが、「なんだかうまくいく気がする」という気持ちで動いていると、タイミングよく仕事が入ってきたり、必要な仕事のパートナーに出会えたりすることが多かったからです。

そういう自分を信じているので、「うまくいく前提」で物事を組み立てていくことができます。ある意味、強烈な思い込みに近いのかもしれません。でも実際にそのとおりになったりするのです。

以前ある方から、こんなインタビューを受けたことがありました。

「ビジネスで成功するために、何よりも大切なマインドは、何だと思いますか？」

私の答えはこうでした。

「ビジネスで成功するマインド」とは、いくつかありますが、やっぱり幸福脳でいることでしょうか。

どんな環境にあっても、その状況を受け入れ、その状況を楽しめれば大抵のことはどうにかなります。実際に私も、売上低迷期も挫折も味わいましたが、どんなにどん底に見えるような状況にあっても、その時期において自分がやるべきことと、その先を考えることができる「幸福脳」＝別名「楽天脳」であれば、停滞感はあまりありません。

実際にそのときは、売上がダウンしたことで業務全般を見直すよい機会ととらえて、さまざまな改善策を練りました。真に「お客さまにとってよいこと、よいサービスとは？」という原点に向かい合うことができましたし、新しい環境を手に入れるために既存の環境を手放す必要があったのだと、後で理解することができました。

どんな環境にあっても、「その自分が幸せである、どうにかなると思っていればどうにかなるものなんだなぁ」と思ったのです。

その根底には、「自分が直面している現実は自分の思考が作っている」という考え方が大前提であることを理解できていれば、打開策もいろいろとわいてきます。「成功のためのマインドには幸福脳が必要なんじゃないかな」と常々感じています。

なぜ、いまここでこの話をするかというと、教室を経営されている先生でも、このマインドがあるかないかで行動パターンが大きく違い、成果も大きく変わることを実感しているからなのです。

教室で教える技術や技能の他に、集客などに関わるようなビジネスの知識を得たとしても、それを上手に活用できる原動力は「気持ち」です。

どんなにすばらしいノウハウがあっても、それを実行するかしないかは本人の気持ち次第です。また、障害や困難があっても、淡々と乗り越えるバイタリティがあるかないかも気持ち次第です。

だから、運がいいかどうかなんて気にしないで、迷わず「運がいい！」って思っ

Column Chapter 3 「私は運がいい！」っていい切れますか？

てください。そのほうが、勝手に運がついてきてくれます。もちろん、その運を動かす力は行動力に他なりません。

幸福感は相対評価ではなく、絶対評価です。

自分がいまいる環境が幸せであると思えれば、どんなことにも感謝ができますし、立ち上がって歩き出すこともできます。すべて自分軸で決まっていきます。

ビジネスを行ううえでの環境は千差万別です。

「あの人みたいだったらよかったのに」と思ったところで、あなたは〝あの人〟にはなれません。渡辺和子さんのベストセラー『置かれた場所で咲きなさい』（幻冬舎）という本がありますが、自分が咲くべき場所で艶やかに花を開かせるのも枯らすのも、すべて自分次第なのです。

いつでも「幸福脳でいること」が、ビジネスを行ううえでもとても大切です。

第3章まとめ

教室のネット集客の特徴は、「コンセプト」に大きく左右されます。

そしてそのコンセプトをきちんと発信していくための事業設計のポイントは、「戦略と戦術」です。

いわゆるネット集客というものは「戦術」の部分になるため、本来先に作り込むのは「戦略」です。この順番をまちがえると、効率よく集客ができなくなるので注意が必要です。

第4章

人の心を動かす教室のビジュアルデザインの作り方

1 女性は見た目で共感する一瞬で引きつけるホームページのデザイン

あなたは、女性誌と男性誌のレイアウトを比較したことはありますか？ある雑誌編集者の方のお話だと、女性は「画像を斜め読みした後にもう一度最初に戻って文字をゆっくり読む」のに対して、男性は「最初から順序立てて文字も画像もしっかり論理的に把握していく」人が多いのだそうです。

これはＷＥＢサイトでもほぼ同様の傾向があり、**女性はまず「画像」から入ります。**ＨＰの入り口となるトップページの画像の印象で、その先を読むかどうかを決めるぐらいに**画像は重要なポイント**を占めているのです。

ＨＰはあなたの分身でもあり、お客さまに申込みをいただく場所として位置づけた場合、ＨＰには「成約」できる流れがなくてはいけません。その最初の取っ掛かりが**ＨＰのトップページ**なので、最初に皆さんが目にする画像が、特に女性相手の教室のＨＰでは**集客上**

図4－1　アトリエリブラのトップページ< http://a-libra.com >

ヘッダーにパンの写真が並ぶ。このパンの写真を見ただけで申込みが入ることもある。

図4－2　アトリエリブラ ヘッダーの別バージョン

アトリエリブラのパンのコンセプトをキャッチーな女神の画像でインパクトを与える。

では、女性相手の教室のＨＰには、どんな画像がよいと思いますか？

重要なポイントになります（図４－１、４－２参照）。

よい画像とは、未来の生徒さんがわくわくする画像です。たとえば、

①教室で作ることができる作品（料理や雑貨など）の憧れられるような写真

写真は、「先生の作品」と「生徒さんの作品」を分けて掲載したほうがいいと思います。先生の作品は、生徒さんが目指すべきお手本になるものですが、生徒さんの作品は「私もここまでできるんだ！　やってみたい！」と思ってもらうことがポイントです。

生徒さんの作品はすべて掲載する必要はなく、あなたがいいなと思ったものをピックアップして掲載しましょう。できれば、作品を作った生徒さんの感想も載せられるとベターです。

②すでに教室に通っている生徒さんの幸せそうで楽しそうな笑顔

「笑顔」は人を引きつける鉄板のアイテムです。

修行のような厳しい教室で、ストイックに学びたい方がいるのも事実ですが、全体の傾向としては楽しそうな雰囲気が教室選びの動機になるケースが多いです。ですから、「生

徒さんの笑顔」は新しい生徒さんを呼び込む写真の一つになります。

③思わず会ってみたくなる先生の笑顔と、通いたくなるような教室の雰囲気

「生徒さんの笑顔」と同様に、「先生の笑顔」も選択のポイントになります。

もちろん、先生の写真などなくても、作品写真だけで集客できている教室もあります。単純に確率論のお話です。しかし、せっかくなら、どんな先生に習えるかを判断できるプロフィール写真があるほうが、初めて通う生徒さんにとって安心感があるのはまちがいありません。

これらの3点が王道です。

いずれにせよ、ポイントは**「生徒さんのなりたい未来の姿を想像させること」**です。

それが作品なのか、居心地よさそうな空間なのか、人物なのかは別として、**「教室に行きたい動機に関わる要素を表現する写真」**を効果的に配置することが、ビジュアルデザインを考えるうえではずせない観点です。

2 コンセプト・導線設計をビジュアルデザインに反映する

教室の**コンセプト**は集客を左右する要因です。そして、コンセプトをＨＰに表現して、お客さまに申込みをいただけるように、ＨＰをデザインすることも**「ビジュアルデザイン」**の一つです。

私が考える**「ビジュアルデザイン」**とは、単にＨＰのデザインがきれいとか、掲載されている写真がきれいとか見た目レベルの問題ではありません。もっと根幹に関わる部分、**「先生自身の仕事への熱い思いと、サービスを享受する顧客側のメリット」**を**文章と写真で表現すること**、それが**「ビジュアルデザイン」**であると定義しています。

たとえば、コンセプトをデザインで表現すると、どういうことになるのでしょうか。

たとえば、あなたが教室に来てほしいと思う生徒さん像が50代、生活にゆとりのある、品のある暮らしを好み、上質で本物の品物を好む方だったとしましょう。そして、この方が好むデザインを想像します。

〝本物志向〟などからイメージされるエレガントな路線。色でいうと、ボルドーやバイオレット、シルバー、ブラウンなどの落ち着いた雰囲気。図形でいうと、直線よりも曲線を多用してやわらかさを表現するなど、ターゲットとする顧客が好むデザインとは何かを考えて色やフレームなどのデザイン全体を決めていきます。

また、導線設計についても同様で、サイトに訪れて、順を追ってページを読んでいくとどんなサービスを提供してくれるのか、先生の人柄などが「わかりやすく」書かれていることが重要です。

自然と申し込みたくなる導線は、「メリットがわかりやすく書かれていて、いいタイミングで申込みボタンがそこにあること」が大事です。すごくいいデザインなのに、申込みボタンが探せないＨＰをいつも残念に思っていました。

ＨＰの目的が「成約」であるとするなら、その目的を達成できるデザインであるべきだと思います。それが**「成約できるビジュアルデザイン」**なのです。

3 生徒さんに愛されるホームページデザインの特徴

一昔前だと、「女性はピンクが好き、だから、ピンクを使っておけばいい」というレベルの、大雑把な色彩イメージでサイト作りもされていたと聞いたことがあります。

でも、現在はピンク一辺倒ではなく、洗練され、見た目にも美しいデザインのＨＰが増えてきました。デザインは単に色彩調和だけで表現するものでもなく、ＨＰの内容をビジュアルとしてきちんと伝える役割も兼ね備えています。

私がおすすめするＨＰデザインとは、**「きれいなだけではなく、きちんと成約につながるデザイン」**です。見た目が美しいだけでは成約（申込み）には至りません。そこにはきちんとした法則があり、それに沿って構成されているＨＰは見た目が多少デザイン的に悪くても、**「生徒さんに伝わるＨＰ」**なので成約率が高まります。

では、どのようなＨＰのデザインであれば集客ができ、かつ申し込んでいただけるのでしょうか。

まず、ビジュアルという点からいうと、**「写真」**の要素がとても大きいことはまちがいありません。また、事業全体のコンセプトに沿ったカラーリングは、たとえば、清楚・格式がある・親しみやすい・安らぎなど、そのコンセプトがもつ特徴を表現するということが必要です。

ただ、それよりも成約率に関与する大きな要因があります。それは、**「共感」**を得ることです。

具体的には、実際に通っている生徒さんの「なぜこの教室を選んだのか」「先生のどんなところが気に入ったのか」「実際に通って得られたことはどんなことなのか」というコメントを顔写真入りで「生徒さんの声」として掲載してあると効果的です。

まとめとして、デザインとは色や写真のアイテムだけのことを指すのではなく、「信頼」を得るために生徒さんが一番知りたい情報をわかりやすく掲載することです。

トータルで**写真と文章を「デザイン」**していくことが、結果として生徒さんに愛されるＨＰになります。

4 すぐに申し込みたくなるホームページ〜写真の見せ方

ＨＰで生徒さんと最初に出会う場所は、どこだと思いますか？
それは、ＨＰの入り口である**トップページ**です。
ここが最初に見られる確率がとても高いです。

ということは、トップページは人間でいうと**「第一印象」**を決める場所になります。「第一印象は３秒で決まる」という話があるぐらい、人は瞬時にその人のことを判断しているそうです。ＨＰもほぼ同様の時間です。
ＨＰを開いたときに最初に飛び込んでくるページを**「ファーストビュー」**といいますが、このファーストビューも人間同様に、３秒以内にその先を読むかどうかを判断するぐらいに重要な場所です。そしてこの重要な場所には、メインビジュアルになる**「写真」**を配置することがとても多いです。

ＨＰに限らずブログのトップページでも他の媒体でも、最初に見てもらう写真はとても重要です。

では、どんな写真がよいのでしょうか。

一言でいうと、**「どんなＨＰかひと目でわかる写真」**です。教室系の先生のＨＰなら、

①教えているアイテムの写真

②教室で生徒さんが楽しく実習している写真

この二つが順当なところです。

③ご本人の写真

コンセプトである「プレゼントしたくなるようなきれいな成形のパン」を掲載することで、見た瞬間に「このパンを習いたい！」と多数の方に思われ、申し込んでいただきました。

ＨＰ全般にわたって使う写真は、コンセプトを表現している必要がありますが、とりわけトップページに使う写真はとても重要なので、**教室の主旨をしっかり表現できるような魅力的な写真をセレクト**しましょう。

5 すぐに申し込みたくなるホームページ
～カラーコーディネート

ＨＰの全体の印象を決めるのは**「全体のテーマカラー」**です。カラーを決めるうえで大切なのは、教室がもっている雰囲気と、**教室に来てほしい理想の生徒さんが喜ぶ雰囲気**が合っていることです。**写真とテーマカラーは密接な関係**にあります。たとえば「子連れＯＫ」「30代のママ」をメインターゲットにした料理教室であれば、堅苦しくないカジュアルな楽しい雰囲気を全面に出した、ポップカラーで構成してもよいと思います。

私のパン教室はもともと、50代をメインターゲットにしているので、「大人女性のパン教室」です。自分の時間を好きな趣味のために使う、ゆとりの時間と空間を提供しているので、大人サロンのイメージです。

よって、少し高級感のあるグレイッシュトーンをベースに、ゴールドをアクセントにして、ライトグリーンを挿し色に展開しています。

会社のロゴは、全体的に丸みを帯びた秀麗な飾りを使い、「L」をデザイン化しています。「パンの材料：小麦の穂」を外枠にあしらい、「Libra」の「・i」には、女性を輝かせたいという事業ミッションを表現した「星印」を入れ込んでいます。カラーリングは小麦の豊穣を表す「金」と植物や自然を連想させるライトグリーンで、「調和」と「安心感」を表現しています。

このようにロゴが事業内容を表している場合には、ロゴの色を使いＨＰを構成すると、違和感のない仕上がりになります。トップの写真同様に、全体を表現するビジュアルとしてカラーは上手に活用したいですね。業種や年齢層によって、好まれる色も変わります。

それに加えて**「あなたらしいキラリと光る個性」**も必要です。

このエッセンスはカラーリングに関わってきます。パンだから黒は使ったらダメ？　いえ、そんなことはありません。高級パン屋さんなど、黒を背景にしたカッコいいパンが並ぶＨＰも存在します。ＨＰのコンセプトは主に写真と文章で表現していきますが、心理的に影響のあるカラーも大切です。**全体を貫くコンセプトを表現できるベースカラーを上手に使う**と見た目にも伝わりやすく、申込みもいただけるサイトになります。

6　教室の魅力が200パーセント伝わる写真の撮り方のコツ

私が教室を始めたころは、いまほどSNSツールがたくさんあったわけではないので、主にブログ(アメブロ)とメインのHPでほぼ集客ができていました。そして同時にいまほど、皆さんが気軽に写真を撮る環境ではなかったので、写真をたくさん載せているブログやHPもそんなには多くなかったように記憶しています。

当時は一部の人の専門分野のように思われていた一眼レフでの撮影も、機器の向上もあって、誰でも手軽にきれいな写真を撮れるようになりました。

また、スマートフォンのカメラの性能向上に伴い、Instagramでの写真を通じた交流も盛んになってきています。この時代において、**「写真がきれいに撮れること」**は教室の先生においては**必須のスキル**になります。

このような状況になると、何気なく漫然と撮っている写真レベルでは、だんだんと生徒さんの興味を引きつけにくくなってきています。写真撮影の技術の話はここでは語りきれないので割愛しますが、一つだけ重要なことをお伝えします。


それは、写真も文章も一番大事なことは**「誰に何を伝えるのか」を決めること**です。

たとえば「パンの写真」一つであっても、私が撮る写真とあなたの写真は、同じパン教室の先生であったとしても伝えたいイメージは異なるはずです。

なぜなら、おそらく私が集めたい生徒さん像とあなたが集めたい生徒さん像とは違うからです。


「伝えたい人」にわかりやすく伝えるために写真があるとするなら、撮るべき写真が変わるのは当然です。教室の生徒さんとの交流、レッスン風景、でき上がった作品、どの写真もあなたの未来の生徒さんへのメッセージになります。

魅力を200パーセント伝える写真を撮りたいのなら、まずはあなた自身が**自分の教室の魅力を理解したうえで、その主旨を表現できる写真を撮ることが必要**になります。

Column
Chapter 4

人と違うといわれるのは褒め言葉？

皆さんは動物占いをやったことがありますか？

一時期ブームになった性格占いの一種です。ちなみに私は「放浪する狼」でした。「自立した人間関係を好む、個人主義者。世間の常識や伝統に縛られず、自分の視点からいままでにないやり方を発見できる人。『変わっている』といわれるのが褒め言葉」

よく当たってますね。まさにこのような生き方をしてきた私です。

ここでは動物占いの話をしたいのではありません。独立するのであれば多かれ少なかれ、前述の狼の性格のように人に何かいわれても動じない「自分軸」というものをしっかりもつ必要がある、ということについてお伝えしたいのです。

私は昔から「本当のことをいう」子どもでした。ある意味かわいくない子ですよね。大人にとっては痛いところを突かれることになりますから。

もちろん大人になるにつれて、ある程度言葉を選んで伝えることはできるようになりましたが、それでもかなり真実に近い部分を冷静に淡々と伝える自分で生きてきました。それは上司や社長に対しても、私のスタンスは変わりません。会社の幹部になってもそんな私でしたので、社長にいろいろなことを進言したときに、内容が食い違えばぶつかることもありました。

挙句の果てに「俺の会社だから俺が好きなようにする」とまでいわせてしまい、「あーそっか、私の会社じゃないから私の好きなようにはできないのだ」と至極当たり前のことに、40歳過ぎ、会社幹部在職時にようやく気づきました。

そして、「自分で思うサービスを提供するには、自分で会社を起こさないといけないのだ」と理解して独立したという経緯があります。

私のパン教室立ち上げの背景は、それこそ、ふつうとはちょっと違っていて、一般的なパン教室の先生が語るような、「子どものころからの夢だった」とか「お母さんの作ってくれたパンの味に感動して」とか、そういうことがきっかけだったのではありません。

いずれ、教室・開業集客のコンサルタントになると決めていたので、そのために自分で人気のパン教室を作り上げる必要があったことと、お客さまに提供したいサービスを思う存分にスピードをもって実現したかったことがパン教室を立ち上げた二つの大きな理由です。

そういう意味でもやっぱり私は、「変わっているパン講師」だったのかもしれません。

さて、「世間の常識や伝統に縛られず、自分の視点からいままでにないやり方を発見できる」という考え方は、インターネットマーケティングという領域ではとても有利に働きました。

他の教室ではやっていないことばかりを、好んでやることになりましたので。むしろ「他の教室ができることは他の教室にお任せしよう」と決めていたのです。

その結果、他にはないレッスンを学ぶために飛行機や新幹線を使って通ってくださる生徒さんも出てくるような教室を作ることができました。

「人と違う」ということは、時に、外野からいろいろといわれる要素となることが多いです。あなたを応援する優しさから、あなたの友人はことあるたびに、もっともらしい一般論であなたを諭そうとするかもしれません。

Column Chapter 4 人と違うといわれるのは褒め言葉？

そんなときは心配してくれる気持ちだけはありがたく受け取って、「自分が思う道を貫く勇気」をもちましょう。ぶれない自分軸をもたないと、余計な感情に振り回されることになります。いちいち風評や噂が気になって、思い切った動きが取れなくなります。

何か新しいことをしようとすると、「こんなことをすると、こんなことをいわれるような気がする」と心配する生徒さんに限ってそのとおりになっていくのです。「気がする」と感じた時点でそこに感情がフォーカスされるため、必要以上に他人の言動が気になってしまうのです。結果、前に進む勇気がなくなり停滞する、またはまったくやめてしまうことだってあるのです。

「人と違う」というのは褒め言葉です。我が道を行くと決めれば、サービスを喜ぶ人の顔だけを見て前に進めます。群れない美学（しなやかに凛として立つこと）は、自分の時間を大切にすることにもなりますし、余計な雑音に心を惑わされない自分を創ることができます。

第４章まとめ

人の心を動かし、共感されるコンセプトをデザインに反映させることを「ビジュアルデザイン」と私は定義しています。

これは見た目にきれいとか、表面的なレベルの問題ではなく、あなたの熱い思いとサービスを享受する生徒さん側のメリットが伝わるように、文章と写真とデザインで表現することをいいます。

この三つがきちんと機能すると「成約できるＨＰデザイン」を表現することができます。

第5章

人の心を動かす教室集客のための文章術

1 生徒さんを引き寄せるコピーライティング

私が**「文章で集客はできる」**ということを実感したのは、初めて募集したイベントが満席になったときでした。当時は主にブログで集客をしていました。

会社から独立した私は、単なる「高橋貴子という個人」か、「パン教室アトリエリブラの屋号の元で働くパン講師」でしかないので、一般的には信用してもらいにくい状況であることはよくわかっていました。

また、会社の名前があるから仕事を取れる、個人では仕事が取れない、ということは営業で活動している際、十分に理解していました。だから、自分が独立したときに一番心掛けたのはインターネットというバーチャルの世界で**「信頼してもらうこと」**でした。

基本的な活動として、顔をきちんと見せること、ブログを毎日更新することで、小さな信頼を積み重ねていきました。もちろん、文章そのものも人柄がダイレクトに出るので、自分らしさは表現しつつ、独自の視点や考え方も伝えていきました。

ただ、必ず意識していたのは、読者（未来の生徒さん）にとって「役に立つ」記事や「面白いからまた読みたい」と思ってもらえる記事を書くことでした。普段は信頼関係が構築できる内容や、私の人柄を理解してもらえる記事を中心に書いて、ここぞというときにレッスン募集の記事を書くようにしていました。

そして、これらの私が書く文章に生徒さんが共感してくれて、申し込んでくださる、というこのシンプルな構造に感動しました。私個人への信頼が、すなわち成約となります。

生徒さんを引き寄せるコピーライティング（文章術）は、**来てほしい生徒さんの心にぐっと響く文章**です。ベースは共感。これを応用すると、逆に来てほしくない人を寄せつけないことができるようになります。

伝え方を工夫することで売上がぐっと上がり、**理想の生徒さんだけに来ていただける**ようになります。

自分の文章で集客をコントロールできている感覚をつかめたらしめたものです。集客の実績が上がることで、ますます文章を書くのが楽しくなります。

2 文章が苦手な人のための弱みを強みに変える文章術

「私、文章書くの苦手なんです」という方のお話をよくよく聞いてみると、大抵二つのタイプに分かれます。

一つ目のタイプは量を書いていないから、慣れてなくて自分は書けないと思っている方。

二つ目つのタイプは、本当は書けているのにわかりやすい構造になっていないため伝わらない文章になっている方です。

一つ目のタイプは、量を重ねていくと自然に上手に書けるようになります。「量質転化」という言葉がありますが、まずは量をこなし、その後に質が上がってくるという原理は文章にも当てはまります。私はもともと文章を書くのは苦手ではありませんでした。

でもそれは、小学校の担任の先生が日記を全員に書かせてコメントをくださっていたことがきっかけだったように思います。先生に喜んでもらえて、共感してもらえるコメントを書いてほしくて、小さい頭で必死に日記を書いていたように思います。コメントがうれしくて1年365日、日記を書く習慣がつきました。

結果、必死に作文したのはその1年だけでしたが、ここで私の文章を書くことに対する抵抗がなくなり、先生を喜ばせること、伝わる文章を書くことを覚えたのは大きな財産だったと思います。

二つ目のタイプは、文章の順番などが違っているために伝わりにくくなっています。このタイプの方は意識して人に読んで聞かせたりして、直しているうちにうまくなります。

これら二つのタイプの方とも、自分は文章が苦手と思っているのですが、それを強みに変換できるポイントがあるとすると、それは**「思い」**です。きれいな文章よりも、多少構文が変でも粗削りでも、**「思い」がある文章のほうが人は心を動かされます。**

文章が下手だからといって書かないと、もっと下手になります。かっこよく書くよりも、あなたらしさが伝わる文章のほうが読んでいる人は10倍心地よく読めると思えば、文章を書くことのハードルが下がるのではないでしょうか。

3 生徒さんが思わず読みたくなるブログ文章のコツ

私はクライアントに、開業して半年ぐらいまでは、1日一つはブログ記事を書いたほうがいいとおすすめしています。理由はいくつかあります。

一つ目は、未来の生徒さんに認知してもらうよう露出を高めるため。

二つ目は、にぎわって活動している感じを伝えるため。

三つ目は、文章力向上と書くことを習慣化させるため。

ただし、せっかく毎日頑張ってブログ記事を書くのであれば、「集客」につながったり、「共感」してもらえる記事のほうがいいですよね。

では、どんな記事なら「思わず読みたくなる」ものなのでしょうか。

ここで、人の根源的な欲求についてお話ししたいと思います。人は**「自分の得（メリット）になること」**に興味があります。ブログ記事も当然**「生徒さんにとってのメリット」**が書かれているほうが反応がいいですし、興味をもって読んでもらえます。

では、「生徒さんにとってのメリット」とは何か。具体的に二つの例をお伝えします。

①知識欲を満たすこと

興味がある領域で、専門的なことや自分が知らないこと、知りたいことについて書いてあるブログは人気になりますし、感謝されます。私のパンのブログで過去5年を振り返ってみると、人気の記事は「中種法《なかだね》」と「パンニーダー（パンこね機）」の記事です。ハウツーはいつの時代でも求められる記事だといえます。

②教室の風景&通っている生徒さんの感想

生徒さんの感想を一番いただけるのは、レッスン終了時です。試食時の雑談タイムなどを利用し、上手に感想を引き出す質問をしましょう。

たとえば、「習った料理をどんなシーンで活用できそうか」「今日の料理は家でかんたんに作れそうか」「誰に食べさせたいと思うか」などを、さりげなく会話の中から引き出します。これらの声をアレンジして記事にすると、レッスンの雰囲気がよく伝わります。

ただ漫然とした外出の記録や食事の日記では、面白みに欠けるので、読んでもらえません。**読み手が興味を持つ話題は何なのか**を考えて書いていくと、生徒さんに好かれるブログになっていきます。

4 ひと目見たら忘れないキャッチコピーの作り方

文章とキャッチコピーは、一見そんなに密接な関わりがあるように感じられないかもしれませんが、実はとても深い関わりがあるのです。

キャッチコピーは「人の注意を引く宣伝文句」であり、ネットで集客をしていく場合には、特に重要な役割を果たします。

たとえばブログの記事のタイトルやHPのタイトルなどに使う場合に、キャッチコピーの能力が集客を左右します。なぜならば**「興味を引かれるタイトルか否か」**で、その先を読むか読まないかを瞬時に判断されてしまうからです。

その先の文章がどんなにすばらしくても、内容を端的に紹介するタイトルが**興味を引かないものだと、その先を読まれることはまずありません。**

なかには、本文以上にタイトルに気を使って作り込む人もいるぐらいです。だから、キャッチコピーを作るスキルはとても大切なのです。

図5－1　A・C・A　行動フロー

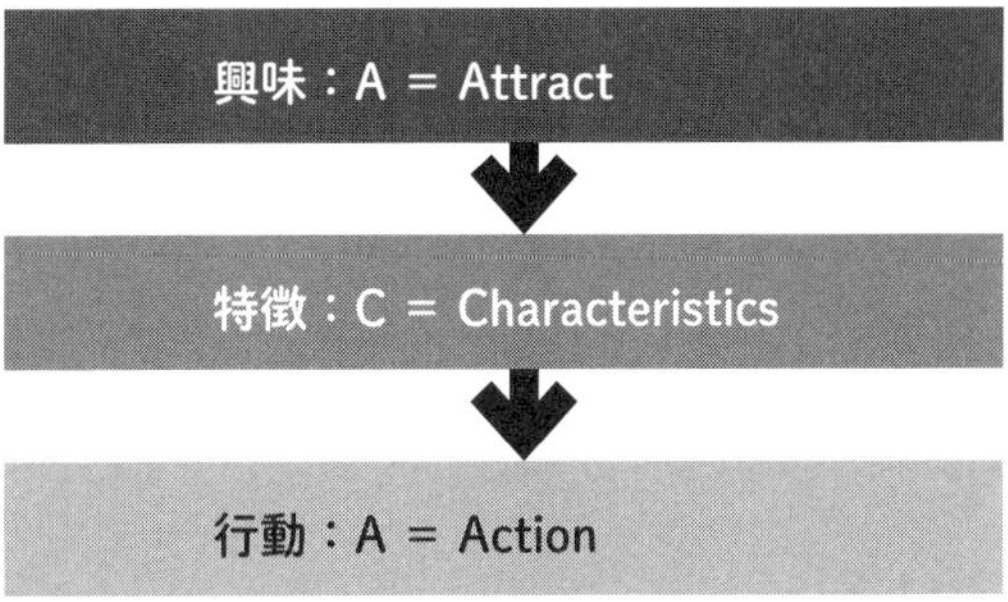

では、「ひと目見たら忘れないキャッチコピー」はどうやって作ればいいのでしょうか。

主にキャッチコピーがもつ役割は三つです。

①興味を引く＝Attract
②特徴を伝える＝Characteristics
③行動を促す＝Action

「A・C・A」です（図5－1参照）。

①興味：ぱっと見て気に留まるもの、たとえば数字とか希少性とか限定性のあるもの。

例）残席1席・1日10個限定・春限定特別仕様など——限定感に人は弱い。

②特徴：他と比べたときに目立つ優位性、新規性、特徴的なメリットなどを伝えるもの。

例）日本でただ一つの・いままでにない・究極のなど――少し強めの言葉がわかりやすい。
③行動：簡単にできる、悩みが解決できるなど、説明とメリットで行動を喚起するもの。
例）3分クッキング・疲れない・明日から変わるなど――行動を想像させる。

この三つのポイントを意識するだけでも、キャッチコピーは書きやすくなります。


では次に、キャッチコピーを作る手順を具体的にお伝えします。

たとえば、私のパン教室の春のイベントレッスンに、生徒さんを呼びたいとしましょう。

まずはタイトル。最初に興味を引かなくてはいけませんので、「たった3席のみ限定受付！　春限定　桜の香りバゲット特別レッスン」とつけてみます。春の桜の時期のたった3席であるという限定性を強調します。

次に特徴。「いままで食べたことがない芳醇なアロマを感じる究極の味わい」として、桜の香りが特徴のパンであることを強調します。イメージは、桜の花の香りとパンの香りがミックスしているようなパンです。

最後に行動を喚起します。「お花見に華を添えるサプライズの1品を作れるあなたになりませんか？」と。

いかがでしたか？　香りが想像できる桜のバゲット。作りたくなりましたか？

今回はわかりやすく少し強めの言葉で書いていますが、キャッチコピーは多少言葉が強めのほうが伝わりやすいことが、なんとなく理解していただけたかと思います。


キャッチコピーを作る際に、もう一つ注意したい点があります。

それは、**キャッチコピーと行動フローをつなぐ文章を意識すること**です。

キャッチコピーは、その名のとおり**「最初に心をつかむ文章」**です。そしてその後に本文が続きます。その本文の終わりには、生徒さんに**「起こしてほしい行動」**を書きます。

具体的には「電話をかけてもらう」とか「申込みボタンを押してもらう」などです。

ですから、**「お申し込みはこちらから」**などという文章やボタンが、文章の最後に置いてある必要があります。WEBサイト診断をするときに一番気になるのは、このゴールの行動を喚起する部分が抜けていることです。そのために、生徒さんを逃しているサイトも少なくありません。

とはいえ、最初にまず興味をもってもらわなくては話が始まりません。その観点で考えても、キャッチコピーが果たす役割はとても大きいのです。

5 あなたの魅力を180パーセント伝えるプロフィールの作り方

新しい生徒さんが教室をWEBで探すときに、どこを見ているかご存知ですか。

私が自分のHPを解析ソフトで分析すると、

①レッスンメニュー
②お客さまの声
③プロフィール

この順番で見ている傾向があることがわかっています。特に②と③は、ほぼ同じぐらいの興味の比重で見ているようです。

実は先生のプロフィールにそこまで興味をもってくださるのは、私のなかでは意外なことでした。ですから、体裁は整えていましたがそれほど力を入れて書いていなかったのです。

この分析結果を見て、「こりゃいかん！」と慌ててプロフィールを書き直したという経緯です。クライアントのWEBサイトの訪問履歴を見ても、ほぼ同様の結果でした。

でもこれ、自分が「生徒さん＝選ぶ立場」になってみると、ごく当たり前であることがよくわかります。なぜなら「教室に何かを習いに行く」ということは、**「何を習えるか」と同様に「誰に習うのか」ということも大切**だからです。

そう考えると、プロフィールも手を抜けません。あなたの魅力を生徒さんに200パーセント伝えるためには、単に習った学校、経歴、資格だけではなく、**「人柄・思い」**が伝わるプロフィールのほうが生徒さんの引きが強いです。

具体的には、

①現在：どういう思いで教室を運営しているのか

②過去：教室を作りたいと思ったきっかけの出来事

③未来：どんな生徒さんと楽しく教室を作りたいのかという未来の展望

この三つを順番に物語のように書いて、最後に経歴があると、より深みのある、共感してもらえるプロフィールになります。

6 絶対に知っておきたい書き手と読み手の目線のズレ

私はコンサルタントという職業柄、クライアントのＨＰやブログをチェックする機会も多いです。そのときに、いつもお伝えしていることがあります。

それは、**「書き手と読み手の目線のズレ」**です。

具体的には「これぐらいは知っているだろう」という書き手の目線と、「これって何ですか？　わからないです」という読み手の目線です。ここでいう書き手とは、先生であるあなたで、読み手とは未来の生徒さんということになります。

まず**一番大きなズレになるポイントは「専門用語」**です。

あなたはすでに先生になって、いろいろと勉強してきているので「その業界の専門用語」をたくさん知っていますし、無意識に日常的に使っています。そのため、それが専門用語であるのを忘れてしまっていることすらあります。

でも、未来の生徒さんは「これからその業界のことを学ぶ」人なので、その言葉すら知らない場合もあります。可能な限り、誰にでもわかりやすい平易な言葉で書いていくのが親切な文章の書き方です。

よくいわれているのが**「小学校6年生でもわかる言葉」**という例えです。

池上彰さんは「わかりやすい話をするジャーナリスト」として有名ですが、それはわかりにくい領域の政治経済のニュースを、わかりやすく楽しく解説してくれることで人気になりました。先生がHPで書く文章も同様です。専門用語をなるべくやさしく書く工夫と、思いやりをもってください。

もう一つは、自分のなかで**「これぐらいはわかるだろう」**と省略することも、ズレになります。しつこいぐらいに親切に書いてやっと、読み手に理解してもらえると思っていたほうがいいです。

読み手側に**「見ない・読まない・信じない」**という前提があるとするなら、書き手側が、**わかりやすく理解してもらえるような文章を書く**という姿勢で取り組むと、伝わりやすい文章になっていきます。

Column
Chapter 5

ピンチは神様からの最高の贈り物

事業というものはある意味「水物」で、こちらがいくら予測を立てて準備していても、思いどおりにならないことは多々あります。私は自分が営業職だったこともあり、先のことまで考えて準備したり、予測して行動計画を立てたりすることが多いです。

ただ、それでも思いどおりにならないこともあります。今回は開業3年目に起きた出来事と、その時に手に入れたギフトについてお話したいと思います。

開業3年目のことです。私は開業当初からネット集客についてあらゆる情報を学び、そして実践することで事業は順調に伸びていました。パン教室以外にも二つほどすでに事業を立ち上げていたそのとき、当時の自分では想像がつかない最大の試練が私を襲いました。

その事態とは……「予約が入らない」ことでした。

毎月、当たり前のようにコンスタントに予約が入っていたことが嘘だったかのように、ピタッと予約が止まりました。最初の1週間は「こんなこともあるだろう」と思っていたのですが、2週間、3週間経つにつれて「これはおかしい」と思い、いろいろと検証を始めました。

いま思うと笑ってしまうのですが、最初に疑ったのは「予約フォームの画面の不具合」でした。私がうっかりサイトのどこかをいじったから、お客さまが予約を入れているのに私のところにきちんとメールが届かないに違いない、と変な自信をもって自分で予約を入れてみるのですが、ちゃんと届くのです。それぐらい、そのとき私のなかではかつて経験したことがない焦りを感じました。じっとりと脂汗が出てくるような感覚です。

いまから考えると理由は明白で、「いつもやってきたことができていなかった」のです。ただそれだけなのですが、当時の混乱のなかにいる私には、それさえ分析することができませんでした。

「いつもやってきたこと」というのは本当に単純で、たとえばブログ更新であるとか、イベントレッスンを定期的に立てるとか、新規募集を2カ月に一度募集するとか。ごく当たり前の作業がふつうにできていなかったのです。

もしかしたら、開業3年目という時期の気の緩みもあったのかもしれません。

そして一番大きな要因は、プライベートで精神的にダメージを受ける出来事があったことでした。そのためにやるべきことがおろそかになってしまっていたということを、冷静になったときに理解することができました。

私は当時、師匠である2人のコンサルタント（平賀正彦先生、菅谷信一先生）に相談して、「こんな事態に陥ってしまいました。とにかくいまできる対処法を教えてほしい」と涙ながらに訴えました。

状態が悪くなる兆しがあったとしても、それを見落としたら、気づいたときにはかなり大事態になるのだということも学びました。

不協和音がじわじわと事業を侵食していても、私のアンテナの感度が悪いためにその予兆にすら気づくことができなかったのです。すべては自分がまいた種だとわかっていても、何をどうすればいいのかわからなくなって混乱し、とにかく助けてほしいと、すがる思いで連絡を取りました。

2人が私に授けてくださった具体的な手法、対策はもちろん迅速かつ明快でした。でも私の心に一番響いたのは、「私の底力を信じてくれる励ましの言葉」だったのです。
・事業が伸びるときには次のステージのための踊り場が来る。

Column Chapter 5 ピンチは神様からの最高の贈り物

・いまは次のステージに向かってやるべきことをする時期。
・大きく飛ぶためには、低くかがまないといけない。いまはその時期。

「私の根源的な力を信じてくれている。立ち直り飛躍することができる力を信じてくれている師匠がいる」という安心感、そしてこの言葉に私は救われたのです。

その後自分を取り戻した私は、すべての業務を見直し、できる限りの活動をすべてやりきりました。1カ月半後、予約が止まったことが嘘だったかのように今度は毎日毎日予約が入るようになりました。

なんと、78日間連続で予約が入ったのです。

そして、その年の年末の決算は、停滞した2カ月を大きく挽回する3カ月のラストスパートで、過去最高の売上と収益を達成し、無事に開業後から変わらずの右肩上がりの状態をキープすることができたのです。

この3年目のピンチは、結果として私に大きなギフトをもたらしてくれました。逆境に負けない心とビジネスの再構築です。そしてこの出来事から学んだことは「継続習慣」と「平常心」でした。

やるべきことは感情の振り幅をできるだけ減らして、コツコツと淡々と行うこと。「中庸《ちゅうよう》の心」、つまり「偏らず中正・過不足がなく調和が取れている状態」で事業設計することの大切さを知り、いまも行動指針として保つようにしています。

そして何よりも大きかったのは、師匠の存在でした。私がクライアントの気持ちに寄り添ってコンサル業をしたいと思った原点はここにあります。

コンサルの仕事は金銭的な収益を上げることへのアドバイスが大前提です。しかし仕事をするうえでは、自身ではコントロールしにくい状態に陥ったときに、現実的な状況と精神的な状態を冷静に判断して的確にアドバイスしてもらえる存在というのは、やはりありがたいと思います。

私が自分のクライアントを見ていても、同様のことを感じます。

どんなにすばらしいノウハウを授けても、本人のマインドが整っていなければ行動と実践に移すことができません。当然、実践がなければ結果が出ないのです。場合によっては、ノウハウよりも本人の根源的な事象に対する向き合い方を変えないと、その先がないということも理解しています。

本来、心のサポートはコンサルタントの領域ではないのかもしれないと思いつつ、それが必要ならやるべきという信念をもって活動をしてきました。結果、そのほう

Column Chapter 5　ピンチは神様からの最高の贈り物

がクライアントは成果を出しやすいと感じているのが現在の心境です。

「言葉が心を救う」。だから、私がコンサルをするときにはノウハウも大切にしていますが、根源的なクライアントの「マインド」部分も大切にしています。

それをどのような状態に保つのがいいのかもお伝えしつつ、その方自身の成長をサポートしていきたいと思っています。

事業を行っていて順風満帆な状態がずっと続くことはありえません。私のクライアントが、時には荒波にさらわれたり座礁しそうになったなら、目指すべき港に寄港できるような女神の灯台でありたいと願い、そのために常日頃から私自身も強い自分でいられるようにと考えています。

「チャンスの女神はピンチの顔をして現れる」という言葉どおり、私は3年目に訪れたピンチをチャンスに変えたことで新しいビジネスプランを構築し、新しいビジネスパートナーを得ることができました。きっと世界は自分が思うように、作りたいようにできているのだ、と実感しています。

もし、あなたがピンチに見える壁に当たったとしても、「チャンスに転換できる」と確信して立ち向かうなら、きっと、それはほしい未来を開く扉になります。

第5章まとめ

人の心を動かすコピーライティングの要点は、「読み手の興味を引くこと」です。

興味は、いい換えれば「メリット」になります。人はお得な情報に思わず反応してしまいます。これは教室集客においても同様で、未来の生徒さんにとってあなたの教室はどんな価値をもっているのか、通うとどれだけ楽しい経験ができるのか、そのメリットを中心に文章を組み立てると興味をもってもらえます。

興味をもって読み、それが信頼に変われば、結果として成約しやすいWEBサイトになっていきます。

第6章

人の心を動かす教室集客のための動画活用法

1 文章が10倍伝わりやすくなる動画の活用法

私が動画を作る技術を覚え始めたのは、まだ世のなかに動画がそこまで認知されていない2012年ころのことでした。

動画作りを覚えようと思ったきっかけは、「文章では伝わりにくいレシピの成形などを、リアルに簡単に伝えるため」でした。

当初はパソコンの動画編集ソフトを使っていたので、1本の動画を作るのに1時間かかるのはザラでした。それでも生徒さんに動画を見せると「すごくわかりやすい！」といわれて喜んでもらえたので、動画制作を続けていました。

そのうち、スマートフォンで動画を作るという技術を学んでから、さらに簡単に大量に作ることができるようになり、一気に発信速度が上がったのです。

いまは自分で話す1分動画レベルなら、編集込みで5分間でできます。

動画の活用法は本当にたくさんあって便利なので、特に教室の先生にとって使いこなしてほしいアイテムです。しかし、未知の領域ということでためらう方も多いのも事実です。私が新しい技術を覚えてどんどんチャレンジする原点は、**〝人がやっていないから〟**です。

やっていないことをやると目立ちます。だから、結果として集客しやすい環境を作ることができました。さまざまな種類の動画を1年に1000本以上アップしたこともあります。**露出が増えたことで、**簡単に新規生徒さんへの**信頼を得る**ことができて、**集客力もアップ**しました。

動画を一度も作ったことがない方にはハードルが高く思えるかもしれませんが、だからこそ**他の方と差別化**もできます。

何よりも**「見ただけで伝わる伝達力」**は生徒さんにとっても親切です。

動画には**「文章の10倍伝える力」**があります。文章は検索されるときのキーワードになるので重要であることはまちがいないのですが、それと同等レベルでダイレクトに伝達力のある動画も、教室集客では活用していきたいツールです。

2 教室動画集客　はじめの一歩

動画制作というと、それだけで身構えてしまう人も多いのですが、シンプルに考えれば難しくはありません。動画は**「動く映像として伝わりやすい」**という特徴をもっていますので、そこからのスタートでいいと思います。

具体的にいうと、必ずしも動いている状態を上手に撮ることが動画というわけではなくて、「写真をつないで写真が動く動画（スライドショー）を作る」ことでも立派な動画になります。静止画が動く画像になっただけでも、目を引くからです。

理解していただきたいのは、動画の活用は動画そのものを作るのが目的ではなく、生徒さんに**わかりやすく教室の内容やレッスン風景を伝えることが目的**だということです。

だから、制作に対して気負う必要はありません。「まずはやってみる」というスタンスで、気軽に楽しんで取り組んでいただけると動画へのハードルが下がります。

集客しやすい動画を作るコツは、文章や写真を撮るときと同様の視点です。それは、**「新規の生徒さんが知りたいこと」**を中心に動画を作るということです。

私のパン教室のサイト（http://a-libra.com）にはたくさんの動画を貼り付けてありますが、すべて、**新規の方の不安を取り除き、楽しい教室に見えるから通ってみたい**、と思ってもらえるような方向性で制作しています。

たとえば、**レッスンメニューのパンのスライドショー、レッスン風景、生徒さんの感想、プロフィール**などを掲載しています。新規の生徒さんが気になるポイントを動画と文章でわかりやすく伝えることで、見ただけで理解していただき、申込みが入りやすくなります。

他にも、私はパンレシピの電子書籍を発刊していますが、こちらはパンの成形動画もセットで閲覧できる仕組みになっています。既存の生徒さんへのサービスとして、成形動画を復習用にプレゼントするのもいいですね。気軽に撮れるようになると、さまざまな場面で活用できます。

いまはスマートフォンなどでも簡単に動画を撮って編集までできてしまうので、ぜひチャレンジしてみてください。

3 教室の先生プロフィール動画のススメ

私は一般的にみても、教室の主宰者としてみても、動画の活用をいち早く取り入れたほうだったと思います。その後もクライアントの相談のために数多くのWEBサイトを見ていますが、**「プロフィール動画」**を作ってサイトにアップしている先生は1パーセント以下じゃないかと思うぐらい少ないです。顔出しの写真さえためらう先生が多い業界なので、動画となればもっとハードルが上がります。作成している先生が少ないのも、うなずけます。

それでも私が動画作成をおすすめしたい理由があります。

それは、新規の生徒さんが申込みを検討する際、**動画は圧倒的に「不安要素」を減らすツール**になるからです。

新規の生徒さんが申し込めない一番の理由は「ここでいいのか？」という不安感です。

価格なのか、教室の雰囲気なのか要因はさまざまですが、**「どんな先生に習うのか」**は決定要因の４割近くを占める要素になっています。

この不安要素を解消するアイテムとして、プロフィール動画はとても有効だと実感しています。実際に私のメッセージ動画を見てから教室に来た生徒さんは、事前に動画で関係構築ができているので、親しみを感じてもらえています（https://youtu.be/H3ALdl-rBbU）。

また、最近は動画を見て、**「私に会いたい」**という動機でレッスンを申し込む方も増えてきているのです。

さて、そんな便利なプロフィール動画に入れたい項目は、主に2種類あります。

①教室の雰囲気やレッスン風景、生徒さんなど教室の雰囲気。

②なぜ教室を開講していて、どんな生徒さんと出会いたいかを伝える、先生自身のメッセージ。

話すのが苦手な方にとっては大きなハードルになりますが、「チャレンジしてみよう！」と思う方には、とても大きな効果が得られます。

なぜなら、動画は文章の10倍思いを伝える力があるうえに、他の教室がやっていないので、より生徒さんへのホスピタリティを実感してもらえるツールになっているからです。

第1章 第2章 第3章 第4章 第5章 第6章 第7章 第8章 第9章

4 教室レッスン風景の動画のポイント

教室のレッスン風景を撮りたいと思ったときに、最初に考えたいポイントがあります。それは**「自分で撮るのか」「人に撮ってもらうのか」**ということです。

人に撮ってもらうにしても、撮影者に意図を伝える必要があるので、レッスン風景を撮るときのポイントについてお伝えしたいと思います。

まず自分で撮る場合、撮影者は自分ですので、一緒に動画のなかに映り込むことはできません。よって、自分で撮る場合のレッスン風景は、ちょっとした隙間時間での**生徒さんの作業風景や談笑のシーン**や、試食などレッスンに直接影響しない範囲での撮影がメインになります。

また、前提条件として、生徒さんが映り込むことについて同意を得ている必要があります。手元ならOK、後ろ姿ならOKなど範囲も伺っておきます。もちろんレッスンに支障をきたすような撮影はできないので、あくまでも**日常のレッスン報告程度**の動画の撮り方になると思います。ブログなどのSNSでの発信に使っていくイメージです。

集客のツールとして使っていきたいなら、本当は人に撮影を頼んで、自分が教えている姿や生徒さんとの関係性がわかる雰囲気などを中心に撮ってもらうのがおすすめです。

動画の目的は「新規生徒さんの信頼を得る」ことです。

教室に通う前の不安は、教室のレッスン風景を見れば解消できます。どういう話し方をする先生で、生徒さんにはどういう接し方をするのか。参加者は先生とどんなやり取りをしているのか、年齢層はどのくらいなのか、自分がもし教室に通ったらその場にとけ込めそうかなどを、動画ならライブな教室風景で疑似体験できます。

もちろん写真でもOKですが、より伝わりやすくわかりやすいのは、動画です。人に撮影してもらえるなら料理をしている手元なども撮ってもらえるので、ライブ感があります。気負いすぎない自然体での撮影がいいと思います。

動画の作成は**「生徒さんが見たいと思うものを撮る」**という視点で構成を組み立ててみてください。

5 電子書籍と動画を連携して10倍伝わるレシピ本

私は**教室開業・集客コンサルタント**を主に活動していますが、同時に**電子書籍制作のコンサルタント**もやっています。電子書籍の制作方法を教える講師でもあり、**出版した本を集客とブランディングに活用する**ビジネス導線の設計も教えています。

私が電子書籍に注目したのは、amazon Kindleが日本に上陸した2012年の秋のことです。

当時、紙媒体では出版のめどが立たなかったところ、電子書籍なら出版の可能性がありました。その後、電子出版を学び、翌年2013年3月に動画付きの電子書籍レシピ本『プレゼントしたくなるおしゃれな天然酵母パン』を出版しました。当時、電子書籍のレシピ本に成形動画を連携させていた人はいなかったので、画期的な本として支持され、Kindleランキング1位を獲得、amazonで日替わり&月替りの本でも紹介されました。成形工程は、連続写真よりも、実際に作っているところを見るほうが理解が深まります。

電子書籍レシピ本を購入した読者からも「わかりやすい」という喜びの声を多数いただき、実際に電子書籍がきっかけで、教室に通ってくださるようになった生徒さんもいらっしゃいます。

動画と電子書籍はとても相性のよい媒体なので、集客導線をきちんと作ったうえで書籍を出版すると、**集客にも認知度アップ**にもつながります。

また、動画や電子書籍にトライしたほうがよい理由がもう一つあります。

それは、どちらも**「まだ人がそんなにやっていない媒体」**だからです。

ですから、少ない労力で大きな効果を得ることもできます。実際に私の場合には、動画も電子書籍も教室業界においては、ほとんどの方がトライしていない領域でした。だからこそ、大量の動画や電子書籍のレシピ本があるということは、**生徒さんから信頼されやすく、注目度も上がります。**

特に動画については、効果があるにもかかわらず、教室の先生たちは皆さん、ハードルが高いと思っているため、あまり積極的に導入していないのが現状です。ですから、いまから始める方でも、少ない労力で効果が期待できます。

動画連携の電子書籍は、動画の一歩先の活用法として教室の先生にはぜひチャレンジしていただきたいと思うアイテムです（図6－1参照）。

動画を連携させた電子書籍のレシピ本は、**二つの集客の入り口を作ることもできます。**まず、動画では成形動画を見ることによって、先生や教室、パン作りに興味を持っていただけます。そして、電子書籍では実際の配合など、パンの作り方を詳しく知っていただけます。ですから、必ず動画の説明欄には教室HPのURLとKindle電子書籍のURLを、電子書籍にも教室HPを記載しておきます。それによって、動画・電子書籍からHPへ、そして教室へと誘導ができます。

それでも、「電子書籍はさすがに難しい」という方には、もう一歩手前の活用法のヒントをお伝えします。**成形動画は生徒さんへの限定サービス**で配信できるなら、復習にもなりますので、喜ばれます。メルマガ配信でも構いませんが、限定公開という形で公開すれば**顧客満足度アップ**に貢献できます。

現在でも、まだ教室の先生の領域では動画をフル活用されている方は少ないので、ぜひトライしてみてください。他の方に先んじて活用できると差別化にもつながります。

図6－1　動画と電子書籍の連携

< amazon 著者ページ > http://ur0.pw/G39q

<成形動画ページ> https://youtu.be/yHxQ317RoiE

6 教室動画のさまざまな活用例

私はいち早く動画をビジネスに取り入れたことで、さまざまな取り組みを試すことができました。ここでは、その実例と効果をお話ししたいと思います。

教室動画で考えられる種類は以下のとおりです（図6－2参照）。

①大量投稿（集客用）：本数を投稿して露出頻度を高める。生徒さんのお役立ち情報。
②誘導強化（集客用）：イベントやセミナーに誘致するためのメッセージ動画。
③成約率アップ（成約用）：体験会参加の生徒さんに向けて、お礼と詳細を説明して成約につなげる。
④アフターフォロー（顧客維持）：質問などに動画で答えることで関係性を保つ。
⑤チュートリアル（顧客維持）：連作の学びを得ることができる教育タイプの動画。
⑥ニュースレター（顧客維持）：毎月の近況報告やイベントのニュースレターを動画で作成。

⑦ステップメールマガジン（顧客維持）：ステップアップで知ってほしい知識を伝える。

これらの動画はすべて私が実践したものばかりですが、特に効果が高かったのは①と③と⑦です。各項目のメリットをお話しします。

まず①の大量投稿動画です。主にキーワード検索で探す未来の生徒さんと接触するための入り口として使っています。悩みごとや道具の話などを中心に、お役立ち情報をたくさんアップしています。この**動画をきっかけにHPからメルマガへと接触頻度を増やし、信頼していただくという導線**です。

こちらの動画については、**一番重要なのは「タイトル」**です。検索を重視した内容をアップしますので、「探される」内容であることが大切です。

たとえば「米粉パンが膨らまない失敗を解決する三つのコツ」など、困っていることがダイレクトに検索される内容でかつ、その解決方法が答えとしてあるならば、かなりの確率でページを見たいと思ってもらえるはずです。そして、たどり着いた動画の説明文には、必ず教室の特徴を入れた教室紹介文章と教室HPのURLを掲載し、興味をもった生徒さんから**HPを見てもらえるように誘導**します。

図６－２　動画活用の段階イメージ

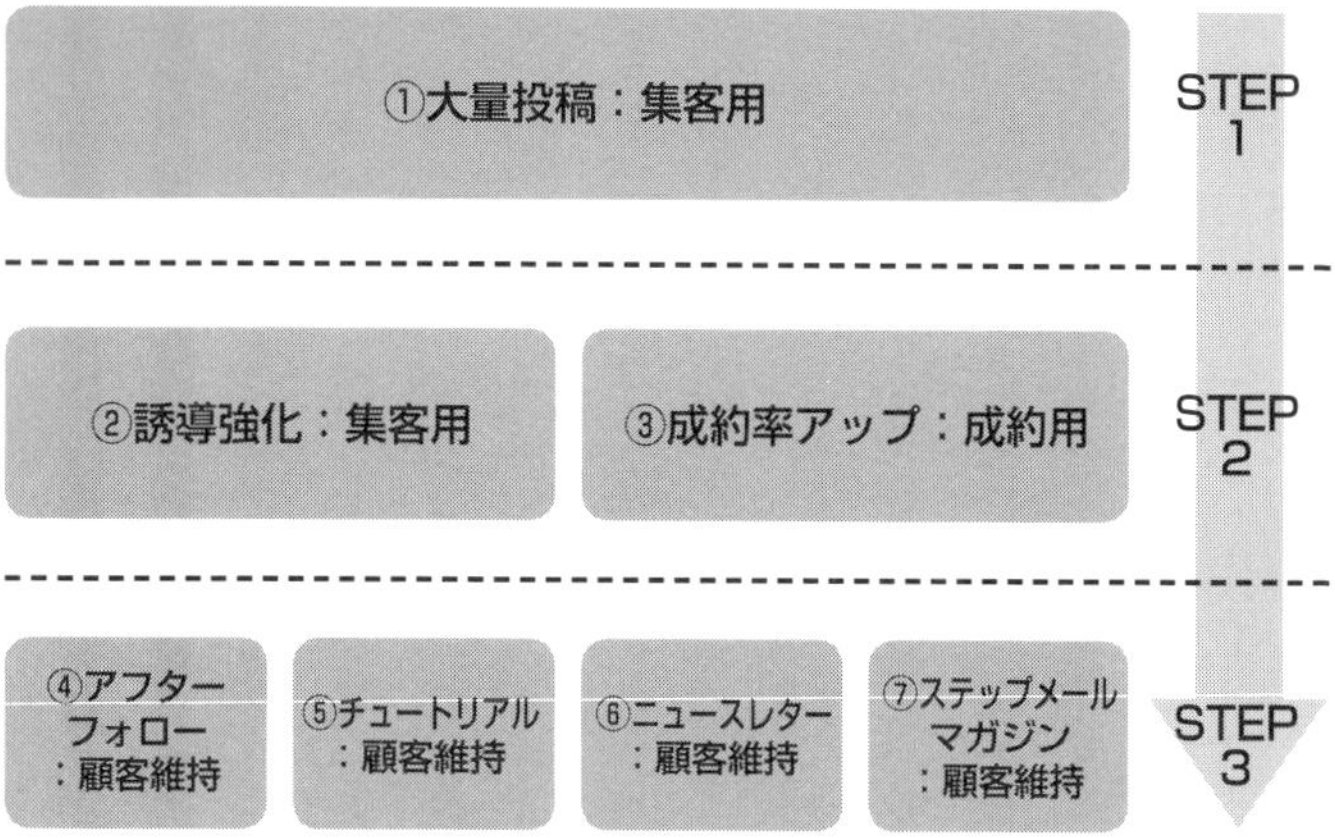

次に**③の成約率アップの動画**です。体験会などに参加した生徒さんをフォローすることで、**その後のレッスン申込みなどにつながる**重要な動画になります。

体験会で出会った生徒さんは、実際にお会いしているので信頼関係という点では第一段階がクリアできています。さらに**関係性を深めるために動画を使うと効果的**です。

たとえば、最初に参加のお礼を伝え、体験会のなかであなたが感じた、生徒さんの興味のある内容や、生徒さんからの質問に改めてコメントすると、すごく喜んでいただけます。

生徒さんには、「ひと手間をかけてもらった」という感謝の印象が残りますので、可能な限り動画のフォローアップを入れていくことを業務フローとして検討していただければと思います。

そして⑦**のステップメールマガジンの動画**です。ステップメールとは、あらかじめ設定した日時に自動的に記事が配信される仕組みです。定期的に配信されるため、**深い密度で長いおつき合い**ができます。

ステップメールは、メールマガジンの連続物みたいなイメージです。ということは、**一貫性のあるシリーズ物のテーマ**だと生徒さんに喜ばれます。

たとえば、パン教室のステップメールなら「初心者でも失敗しないパン作りのコツ20」など、**先生が知っている経験値を盛り込んだもので、生徒さんにとって役立つポイント**などがまとめられていると良いと思います。目的は、「専門家」として信頼してもらえることと、顔と声を実際に見て聞くことで、親しみをもってもらい、その後お会いしたときに話が弾むような関係性を築くことです。

すべてを実践するのは大変かと思いますので、まずはアフターフォロー動画やニュースレター動画などから取り組まれると結果が出やすいと思います。

Column
Chapter 6

稼ぎたいのに稼げない人の共通点

教室の運営を収益ベースでみた場合、「収益はいらないから、とにかく来てくれる人に喜んでもらえればいいの」というボランティアタイプの方と、「仕事としてきちんとやっていきたいので稼ぎたい」という仕事脳をもった方の2タイプがあります。

この2タイプの方については、主義主張とやっていることが一致しているので、特に問題はありません。

ボランティアタイプの方は、家計に割と余裕があって趣味の領域で動いていても問題ない方、ご主人に収入があって、経済的に困らない方が多いように見受けられます。

逆にしっかり稼ぎたいという方は、仕事を生きがいとしてしっかり対価をいただくことで社会での自分の居場所を確立したい方や、経済的に稼ぐ必要がある状況にある方、経済的に自立しないといけない方が多いです。

どちらが正しくて、どちらがまちがっているということではなく、どういうライフスタイルを選ぶかというだけなので、この2タイプについては気持ちにも破綻がない状態で働けるはずです。

問題なのは「稼ぎたいと思っているのに稼げない人」です。

正確にいうと「稼ぐ」ということに対して「罪悪感」をもっているために、実際の収益がついてこない人です。こちらのタイプの方は、自分の気持ちと現実が一致していないので、なんとなく気持ちも晴れません。

では「罪悪感」の正体とは何でしょうか。

少し耳が痛いかもしれない話をします。

お金を稼ぐことに罪悪感をもっている多くの方に共通している主な思考のベースは、「虚栄心＝人によく見られたい」という気持ちです。

罪悪感は虚栄心の裏返しであることが多いのです。生徒さんにいい先生だと思われたい、高いお金をもらうことはお金にがめつい先生と思われるから嫌だ、という心理があります。この心理があると当然教室の価格は安くなりますし、入金が遅れても催促できませんし、値上げもなかなかできません。

なぜなら「生徒さんにいい先生と思われたい」からで、お金のことをもち出すと嫌な先生と思われると思っているからです。でも、本当に受講料が安ければそれだけで、生徒さんにとっては「いい先生」になるのでしょうか。

価格の満足感は、価値と顧客心理の相対比較によって生まれます。

つまり、思っていたよりもよかったというギャップは「値段が安い」という価値に転換しますし、期待はずれだと思われれば当然、「値段が高い」といわれます。

もちろん、安ければよい評価をしてもらえる確率は高いのですが、必ずしも習える技術そのものだけにお金を払うのが、個人の価値観ではないということを理解する必要があります。

逆転の発想をしてみてください。満足していただける価値を作ることに先に注力する。そのサービスに必要な対価をきちんといただく。先生と生徒さんの立場は対等です。必要以上に料金を下げることは、先生自身の価値を自分で下げていることにもつながります。お金をいただくことに抵抗をもたないことです。

自信をもって提供しているサービスであれば、それ相応の対価はいただけます。それを生徒さんに納得していただけないのであれば、その金額は確かに高いのかも

Column Chapter 6 稼ぎたいのに稼げない人の共通点

しれません。

「お金をいただくこと」と「嫌な先生といわれること」はイコールではありません。ご自身のサービスが役に立っていると確信できるのであれば、そこはしっかりお金をいただきましょう。

誰でも人に好かれたいです。もちろん私だって嫌われるよりは好かれたいです。でも、その気持ちが強く働き過ぎると、そのしわ寄せが「対価」になって現れます。稼ぐと決めたら稼ぐ。中途半端ないい人を演じていると、精神的にも経済的にも苦しくなります。見栄は張らない。自然体で、ほしいものはほしいといったらいいと思います。

お金も、嫌う人よりは好きになってくれる人のところに流れていきます。お金を稼ぐことは、はしたないとか、がめついとかいう精神の人のところには残念ながらお金も来にくいので、いくらご本人が本心で稼ぎたいといっても稼ぐことはできないのです。

稼ぐことと嫌われることはイコールではありません。しっかり稼ぐ。その代わりにそれ相応の、いや、それ以上の価値あるサービスを提供することに全力を尽くすだけです。

第６章まとめ

人の心を動かす教室集客の動画のポイントは「見ただけで伝わる伝達力」。文章にはない大きな特徴です。

教室に来たことがない未来の生徒さんにも、疑似体験を味わっていただける強力な武器になります。他の業界に比べて動画を積極的に取り入れてない方が多いのも教室業界の特徴なので、逆に上手に活用していくと他の教室との大きな差別化もできると思います。

ぜひさまざまなシーンで活用していただきたいアイテムです。

第7章

人の心を動かすFacebook活用法

1 Facebookの特徴を最大限に活用するコミュニケーション術

教室集客をするツールはたくさんあります。ブログ、動画、Facebook、LINE、Instagramなどで、いわゆるSNSと呼ばれる無料のコミュニケーションツールです。

私がお伝えしていることは一貫していて、メインホームはHPであるということです。HPにはすべての情報が集約されています。**HPを見て信頼していただき、成約するという基本導線設計のイメージは変わりありません。**

実際に私の教室に来てくださる生徒さんも、きっかけはSNSと呼ばれる右記サイトからであっても、9割以上の方がHPをチェックしています。

きっかけはSNSだったとしても、最終的に「この先生でいいのか？」「ここに通うメリットは？」ということを、HPをきちんと見て判断しているケースがとても多いのです。

もちろん、いまのご時世はSNSだけのつながりだけで人柄がわかり、そのままポンと予約が入ることが多いのも事実です。「共感」がポイントになり、物を購入したり、サービスを購入したりする時代ですから。

でも、少しでも申込みが入る確率を上げたいなら、**「SNSは集客ツール、HPは成約ツール」**という役割をもたせておけば、時代が変わり集客ツールの流行《はや》り廃《すた》りが変わっても、シンプルに集客導線を設計できます。

では、その集客ツールという観点から考えると、Facebookの**一番の特徴**は、**「コミュニケーション&拡散」ツール**であるということです。

ブログなどしっかり思いを語る硬めなものより、ライトな感覚で更新できるので、人間関係や先生のパーソナリティが色濃く出ることで**「共感」**してもらえます。共感した人は、その投稿を自分の知人に拡散してくれます。結果として、知り合いの人脈を通じて知名度が高まっていく効果があります。

また、ツールとして使うのであれば、当然**「共感」を意識した使い方&投稿が必要になる**ことは理解しやすいと思います。

Facebookはファンサービスの場であると私は思っています。

2 Facebook 個人ページとFacebook ページの使い分け

まず、Facebookをやったことがない方には**「個人ページ」**と**「Facebook ページ」**（以下、ＦＢページ）の違いがわからないと思います。教室の先生のお話を伺ってみても、一応登録しているものの活用法がわからない、という方が大半である印象を受けます。

違いを簡単に説明すると、**「個人ページ」**は実名登録なので、本人としての情報開示の場になります。**「ＦＢページ」**は企業ページの機能があるので「教室名」などで登録することが可能です。よって、個人情報のセキュリティが気になる場合は、**「個人ページ」**は知人のみの公開にして、**「ＦＢページ」**のみで運営することも可能です。

ちなみに私は個人ページもＦＢページも全公開になっています。私自身のパーソナリティも含めて**「教室もしくは事業の印象を理解してもらう」**形で運営しているからです。

どのように運用したいかはあなたが決めて構わないのですが、ＦＢページだけよりは

「個人名」でのサービス提供の実態や動きが見えるほうが、**「共感と安心」**は得られます。

仕事でFBページを利用する場合には、仕事用と割り切ることも一つの案です。私のFBページは3本あるので（教室開業&パン教室&電子書籍）、それぞれについている読者に対しては、興味の領域の部分での情報発信をしています。

ただし、高橋貴子の個人ページでは、私の活動がすべて一本化してタイムラインに入ってくるので三つのFBページの内容も共有されていますし、私個人の興味の方向性や考え方などを気が向いたときにアップしています。たとえば出張や旅先で「これって面白い！」「素敵な景色！」と思ったら、写真とともにアップしています。

もちろん、セミナーやレッスン報告もしますが、それよりも**私の人となりを知っていただくために個人ページで発信**しています。

そして、運営で大切なのは無理に「いいね！」（拡散のボタン）をもらうことに注力しすぎないことです。そこにばかり意識すると疲れます。「いいね！」をもらわなくても投稿を読んでいる人はしっかり読んでくださっているので、地道なファン獲得の啓蒙活動ぐらいの位置付けで個人ページは運営するのがいいと思います。自然体のあなたにファンがつくほうが、結果として長く続くおつき合いを築けます。

3 拡散力でブランディング＆認知度をアップする

私のFacebookのメインの使い方は、「個人ページ」でのブランディング＆認知度アップです。まず、個人の場合のブランディングについてお伝えします。「ブランド」というのは「認知されていること」と定義したとすると、「ブランディング」というのは「認知活動」ということになります。

では、さらにもっと根幹的な話をしましょう。

なぜ「認知」してもらう必要があるのでしょうか。

認知には二つの効果と理由があります。

一つ目は、認知による安心感を得ること。

二つ目は、必要になったときに最初に思い出してもらえること。

人は自分が認知していないもの（＝自分が知らないもの）は信じない傾向があります。他人にとってどんなに高価ですばらしいものであったとしても、その人本人にとってその**価値が理解できなければ「無価値」**なものになります。大手企業のCMが有名人の「ブランド力」を借りて商品を宣伝するのは、そのためです。

たとえば、サントリーのザ・プレミアム・モルツでは、イチロー選手と矢沢永吉さんが起用されています。プレミアムモルツが目指す「究極のうまさ」を表現するのに、2人の「人柄＝ブランド」を利用しています。消費者は、2人がすすめるビールなら、と買いやすくなるのはまちがいありません。名もないビールとモルツの二つなら、あなたはどちらを買いますか？　迷わずモルツを買うでしょう。これが、大企業が多大な広告費をかけて「認知＝ＰＲ活動」を展開する理由なのです。

では私たち個人の場合にはどうなのでしょうか。

幸いにもＳＮＳの発達により、「個人」であっても必要な人に届くならその影響力は大きいです。「この人がすすめるなら」ということで、商品・サービスが購入されます。

そういうブランドや認知力を作りやすいツールとしてFacebookを活用するなら、**「信頼を得る人柄がわかる投稿」**＆必要になったときに一番に思い出してもらえる**「地道な継続投稿」**が必要です。**「忘れられない認知」**は集客活動において最強の武器なのです。

4 共感されるFacebook投稿　三つのコツ

Facebookの投稿について、さまざまな人が多様な使い方を提唱しています。どれも決してまちがいではありませんし、その人なりの法則に沿って活用できているのならそれでいいと思います。

ただ、本書では私のネット集客の全体設計のなかにFacebookを組み込んだとき、どのような形が一番いいのかという視点からの活用方法と投稿のコツをお知らせします。

まず、私がおすすめするＦＢの**個人ページでのFB投稿の意図は「共感と認知」**です。教室の特徴をコンセプトにするなら、「こういうことを考えています」という発信をするほうが、出会いたい未来の生徒さんに好まれます。

もちろん、専門家としての立ち位置での知識の共有、読む側にとっての新しい気づきやお得な情報もお届けします。私の投稿割合としては、**7割が知識共有で3割がパーソナルな情報発信**です。

また私の場合は、見た目の楽しさとか投稿をパッと見たときの印象もあるので、**必ず写真は1枚つける**ようにしています。その写真が投稿に関連するものでもいいのですが、私は自分の写真を一緒に載せることが多いです。自分撮りについては賛否両論ありますが、私のファッションや活動や元気に動いている姿を楽しみに見てくれる人のためにアップしているので、見たくない人はスルーで構わないと割り切っています。

人は接触頻度が高まると、その人に好感をもつという心理学での**「ザイオンス効果」**もあるので、嫌でなければご自身の写真をアップすると、コミュニケーション度が高まります。

まとめると、好かれるFacebook投稿の三つのコツとは、

①コミュニケーション重視の楽しい記事
②読んでためになる読者の喜ぶ記事
③人柄に親しみをもってもらえる写真での露出

この三つを意識して投稿すると、あなたを好きなファンが自然と集まり、必要なときにサービスを紹介するだけで予約が入るようになります。

5 Facebook記事の誘導先はどこにする？

私がFacebookに投稿する場合、二つの意図をもって投稿しています。**一つは人柄発信で、もう一つは専門分野での共感&申込み**です。

人柄発信の記事については軽めに写真などをつけながら気軽に投稿していきます。読者からのコメントもつきやすいですし、いわゆる**「絡み」**がメインです。気楽なコミュニケーションを公開で行っているイメージです。

もう一つの専門分野での共感&申込みを意図とする投稿は、「HP内部のブログ記事や申込みページ（LP：ランディングページ）」に誘導します。Facebookの投稿はさらっと読めるほうがいいので、タイトルは読んでもらいたい記事の内容をキャッチーな言葉で表し、内容を紹介するリード文（ダイジェスト）を5行ぐらいでまとめ、1枚写真をつけてアップします。

本体ブログの記事は骨太でしっかりしているものでも構いません。本当に読みたい方は長くてもきちんと読んでくださって、さらに私への理解を深めてくださいます。

現在ブログについては2000～4000文字を基準に書くようにしています。理由はSEO（検索エンジンで検索結果が上位に表示される仕組み）対策を兼ねているからです。内容がよいと思われると検索で上位に表示されやすくなり、結果として探している方には私のサイトが見つけやすくなります。SNSからの導線は**「共感」**導線です。

人柄から理解してもらってメインのサービスへ誘導する。HP本体内のブログ記事は、そのSNSからの誘導の受け皿になり、同時に、HPのブログ記事単体でも集客してくれます。この方法で、一つの記事で二つの集客の入り口をもちます。

私の場合は、さらに動画からの入り口もこの記事のなかに入れ込み、三つの入り口の終着点をHPに設けているので、**一つの記事の効率がよい**のです。

このようにメディアを効率よくミックスするとより深い交流が得られ、成約率が高いサイトが作られていきます。**導線設計を意識したメディアミックスはとても効果的**です。

6 Facebook広告の上手な活用法 お金と時間の分岐点を見定める

ここで初めて広告での集客についてのお話をします。

主にSNSでの集客については「無料」で行うことができるメディアなので、開業当初やお金があるけど時間がないときには、とても有効な集客方法です。

私自身も開業から4年ぐらいの間、パン教室は無料のSNSだけで集客していました。広告を使うようになったのは、売上のバランスでパン教室からコンサル業に転換したことがきっかけでした。自分の時給単価が上がったので「お金よりも時間が優位になったとき」に、初めて広告も使うことを検討したのです。

SNSタイプの無料集客ツールは、細く長く続きます。深いコミュニケーションのうえに成り立つので、時間はかかりますが、コツコツ地道な売上を上げることができるサイトにゆっくりと育っていきます。それには自分の時間をかなり使います。当時はInstagram

やLINEなどもありませんでしたので、しっかりした記事を書く「ブログ集客」が主流でした。おかげで文章力は身につきましたが、時間はかなり使いました。

一方広告は**「時間をお金で買う」**ことができます。集中的に集客を行い、サイトへの誘導を促します。短期的にはとても魅力のある方法です。ただし**デメリット**もあります。

それは、**資金が尽きたら広告が停止**することです。広告だけに頼っている場合、売上が即止まります。もう一つのデメリットは、広告の運用はそれなりに知識と経験が必要で、あまり上手ではない人が運用すると資金が無駄になくなることです。

こんな状況を理解しながらも私がFacebook広告（以下、FB広告）だけはおすすめしているのは、「Google や Yahoo! の広告に比べて比較的画面管理がしやすいことと、人をターゲットとした広告展開ができるので成果と効果を上げやすいという点があるからです。初心者でも取り組みやすい広告だと思います。

FB広告はFBページをもっていると広告出稿しやすいので、広告運用したい方は**FBページの作成をおすすめ**します。お金と時間のバランスが見えたら、**無料と有料の集客ツールを組み合わせて行うのも一つの方法**です。

Column
Chapter 7

チャーミングな人になろう！
甘え上手の極意

女性には2タイプの人がいて、「甘え上手」と「甘え下手」に分かれるとしたら、あなたはどちらのタイプですか？

おそらく、この本を読み進めてここまでたどり着いた方は、私がどちらのタイプの女性であるか簡単に予想がつくことでしょう。

はい、ご名答！

私は「甘え下手」な女性でした。

どちらが得か損かという分類は難しいです。たとえば「甘え上手」な人は、他者の力を使うのがとても上手で、喜んで人が協力してくれるような環境を作るのがうまい人が多いです。ただ、その度合いが強すぎると依存心が強くなり、自分では判断も行動もできない人になってしまうこともあります。

逆に「甘え下手」な人は、自分で何でもこなせるので、人に任せるよりも自分でやってしまったほうが早いし正確にできます。責任感が強く仕事もよくできるタイプの人が多いです。

ただし、こちらもまたその側面が強く出てしまうと、仲間と一緒に共同作業をやるようなチームワークに入るのが苦手だったり、能力があるだけに遅い人を自分の尺度で「ダメな人」と判断してしまったりしがちです。そして自立心が強いので、なかなか人に頼ることができない、完全主義者の人が多いように思います。そのぶん自分で抱え込んでしまうので、ある臨界点を超えると心がポッキリ折れてしまうこともあります。

私も以前は「甘え下手」でした。もちろんいまでもすごく「上手」なほうではありませんが、会社にいるときよりも独立して仕事をしたことで、この「甘え上手」のスキルはより大切に感じるようになりました。パートナー企業さんと仕事を組むときや外注パートナーさんに仕事を依頼するとき、生徒さんや自分の開業の応援を仲間にお願いするときに感じるようになったのです。

「甘え上手」というのは「お願い上手」なのです。

他者の力を上手に借りて、自分の力だけではできないことを達成することができる能力です。教室を開業したばかりの先生は、あるレベルに達するまではアシスタントも雇わないと思いますので、その時点までは1人で仕事をしていくことになります。仕事そのものは1人でやれても、付随する業務や、新規で共同プロジェクトをやる場合には誰かと一緒になるケースが多くなります。

そのときには、自分だけでどうにかするよりも、相手の力を信じて任せるところは任せてしまったほうが、よりよい商品やサービスを生み出せます。領域を決めて任せるなら、お互いに気持ちよく仕事ができますよね。

つまり、相手の力量を認めて「褒める！　信じる！　甘える！」。

この3拍子の気持ちがうまくいくコツです。

会社員当時、営業をしていたときのエピソードがあります。

私には当時男性の部下が3人いて、私は彼らの上に立つ女性の上司でした。もともと私の気質が「人に頼らないでやってしまう性格」でしたので、当時もある程度自分でやってしまっていたのです。でもあるとき、さすがにキャパオーバーになっ

Column Chapter 7 チャーミングな人になろう！　甘え上手の極意

てしまって、彼らにSOSを出したことがありました。「どうか力を貸してほしい」と。ふだんから私の姿を見ていたからでしょうか。そんな私からのSOSを快く受け入れてくれ、みんなで協力して仕上げることで仕事のスピードも精度も上がり、団結力も高まり、結果としてパフォーマンスの高い成果を得ることができました。

そのとき、ふと気づいたのです。私は勝手に彼らに頼るのはいけないこと、迷惑をかけることと考えていたのですが、私がお願いしたことに対して動いているとき彼らはうれしそうだったのです。

「人は頼られるのもうれしいものなんだ」と改めて気づいたのでした。

そういえば自分だって、人に「ありがとう」といわれるのがうれしくてサービス業をやってるのにね、と自分を振り返り苦笑しました。

人は「承認欲求」という、自分が必要とされていることに喜びを感じる性質もあります。その欲求を満たしたければ、独立開業する人は、チャーミングに甘えるスキルがあるほうがいいのです。他力を上手に使うことができる人は人間的にも魅力がありますし、たくさんの人に好かれる吸引力をもっています。

みんなでハッピーになれる「甘え上手」を大いに発動しましょう！

第７章まとめ

「Facebookを集客ツールとして考えた場合の最大の特徴は「拡散力」です。共感と認知の拡散のスピードが早いツールです。あなたの人柄や思いに共感してくれるファンがどんどん増えれば、「必要になったときに思い出してもらえる」という認知のブランディングができます。

共感マーケティングは、そのときの瞬発力よりも、じわじわとファン層を広げていく安定的な集客の基盤作りに貢献する集客方法ともいえます。

第8章

数字を味方につける楽しい教室経営の法則

1 教室経営で押さえておきたい二つの数字

私のところに相談にいらっしゃる**教室の先生の悩みベスト2は、集客と収益**です。

集客についてはゼロからスタートをしてもプラスになるだけです。ところが収益改善の話は、うまくいってゼロスタートです。場合よっては、赤字から黒字転換を目指さなくてはいけないケースも多々あります。

なぜ教室経営は赤字になりやすいのでしょうか。理由は二つあります。

一つは業界体質、もう一つは先生のお金に対するマインドが大きな要因です。

まず、収益改善するうえで押さえておきたい二つの数字があります。それは**「売上」と「経費」**です。本当はもっと細かい数字もありますが、ざっくりいうとこの二つです。

売上から経費を引くと利益になります。利益を残すには、売上を上げるか、経費を下げるかのどちらかです。

経費については、特に原価の部分についてはあまり下げられない業界事情があります。これも料理教室業界全般の特徴ですが、原価率がとても高いのです。場合によっては材料費率が70パーセントという教室もザラにあります。1人4000円の受講料で2800円という場合もあります。

これを正当な価格にしたい場合のネックになるのが、**「業界体質」**と**「先生のマインド」**です。

自宅料理教室は、**「趣味」**でやっている先生と**「仕事」**でやっている先生が混在します。趣味の先生が原価70パーセントレベルで受講料を決めた場合、生徒さんが比較するときにどうしてもお得感があるのは否めません。

そのため、近隣周辺の教室の値段を見て価格を決めると、どうしても安価になりやすいのです。

だからこそ、料理教室関係は、**価格だけではない付加価値**（技術向上以外のメリットや先生の魅力）や**コンセプトがどうしても重要**になってくるのです。そこがクリアできないといつまでも赤字体質から脱出できません。心してかかる課題の一つです。

2 10年続く教室にする黒字体質の方程式

教室運営を継続するうえで一番ネックになるのは収益です。継続という意味では、生徒さんが10年も通ってくださる教室もたくさんあります。

ただ、内情を伺うとほぼゼロ収益、もしくは、少しばかりの収益が出るレベルのギリギリの運営をしている教室も多いのです。この状態では先生のモチベーションも上がりません。せっかくなら、好きな仕事を長く続けられるのがいいですよね。

「生徒数×レッスン単価×リピート率」

この方程式が、売上をチェックするうえで指針になる基本の方程式です。前年と比較してどこに重点を置いた活動をしていくのかという指針にもなるので、ぜひ覚えておいてください。この式の意味合いを解説します。

まず**生徒数**。当然ですが、生徒さんを増やすことができれば売上がアップします。新規とリピートどちらに取り組むかは教室の性質で異なりますが、単純に数を増やす方法です。

次に**レッスン単価**。単価をアップできれば売上アップになります。ただし、改善の提案をする場合に先生の抵抗が多い領域ですが。

そして**リピート率**。1人の生徒さんに何回通ってもらえるか、ここも大きな要因になります。

この三つは掛け算になっているのがポイントです。仮にレッスン料金を上げることができなくても、生徒数とリピート率が上がれば売上はアップします。実際に計算してみましょう。

【生徒数1・3倍×レッスン料金1倍×リピート率1・5倍＝1・95倍】

つまり、月の売上が20万円だった場合、39万円になります。これは2倍に近い数字です。

生徒さんを1・3倍、リピート率を1・5倍というのはそんなに難しいでしょうか。

こちらの掛け算もその年の目標によって変化させていけば、毎回2倍とはいわなくても、ゆっくりと成長させて長続きする教室にできます。

問題は、無意識でなんとなく成り行きで経営を続けていくことです。**目標をきちんと立てて行動計画を作れば**、そんなに負荷をかけることもなく、**継続的な教室運営をすることができる**ようになります。

3 新規顧客と既存顧客どちらが大事？

一般的な数字だけの効果でお話すると、新規顧客の獲得に関わる経費は5倍、顧客離れを5パーセント改善すれば利益は25パーセント改善、全体の売上はコアな2割のファンが作っている、といわれています。

この話を鵜呑みにすれば、どうしても**活動指針は既存顧客寄りになりがち**です。

もちろん、古くから通ってくださっている生徒さんだけで構成されているなら、慣れ親しんでいるし先生も楽だと思います。でも、生徒さんの環境が変わることは（転勤・出産など）先生がコントロールできることではありません。

ですから、一つの指標としての数字のイメージは**「新規3割：既存7割」**くらいで運営できるといいのではないでしょうか。

私自身は**「新規4割：既存6割」**あたりを目指していました。これができるのは、私のクラスがほとんどコース制だったことも大きな要因です。コース制だと、いつか卒業する時期が来ます。

そういう意味では、新規の生徒さんを募集し続ける必要があります。その代わり、教室はいつでもフレッシュな状態で新陳代謝を繰り返すため、新コース作りや価格改定をしやすいというメリットもありました。コースを卒業したらそのままご縁が切れてしまうのでは、と心配する方もいらっしゃるかもしれませんが、その後の運営次第だと思います。

私が目指した安定運営は**「既存の生徒さん数の母数を増やすこと」**でした。既存の生徒さんともメルマガなどでコンタクトを取りながらイベントレッスンなどに来ていただいて、細く長くおつき合いする方法を取りました。

新規の生徒さんを獲得するためには、稼働日数の限界値から、既存の生徒さんに卒業していただき枠を空ける必要もあります。毎月お会いしていた人が半年ぶりになったとしても、全体の母数が増えて教室のファンが多くなっていれば、新コースを立てたときやイベントレッスンを告知したときにすぐに満席になるため、結果として経営が安定します。

母数が増えるということは、それだけあなたの**教室のファンを潜在的に増やしていくことになる**ので、既存の生徒さんも大事にしつつ、3割ぐらいは新規を取っていけるような体制を取っていくことをおすすめします。

4 顧客心理から見る三つの価格

価格設定に悩む先生はとても多いことを実感しています。特に近隣教室の価格を見たり、原価を計算したりすると、どうしても収益が出にくい価格をつけてしまいがちです。

そんなときに必要になる概念が**「顧客心理から見る三つの価格」**なのです。

私が思う三つの価格とは**①絶対価格、②相対価格、③感情価格**です。

それぞれ具体的に説明します。

①絶対価格

たとえば、仕入100円の商品は100円以下では売れない、というような原価に利益を乗せることを前提とします。

絶対赤字になるような設定はできないため、仕入100円なら販売価格は100円以上になります。絶対価格のイメージは仕入原価を下回らない価格です。

②相対価格

相対価格は、家電量販店などでよく見かける「他店比較対抗価格」です。比較だけで買うため、商品特性そのものに差異がない場合につきやすい価格で、市場の需要と供給の度合いによっても変動します。近隣価格を気にして値づけする場合にも、相対価格になります。

③感情価格

感情価格は趣味の領域で発揮される価格です。たとえば、収集癖のある人など、コレクターの間では信じられないような高い値段がつくものでも、その世界では当たり前といえるため、感情価格と呼ばれます。

教室の価格は、この「**感情価格**」で思わず申し込んでしまう！　という価格の領域までいくようなレッスン内容と料金が理想です。まさにオンリーワンになるので、他の教室と比較されることもなく指名買いで申し込んでいただけます。

感情を動かすレッスン内容も価格戦略の一つです。

5 売上計画と行動計画を一致させる

教室の経営は**「趣味の自宅開業」**からスタートする場合が多いので、売上目標や年間計画を立てずに始める方が多いことを、コンサルを始めてから知りました。正直、とても驚きました。

なぜなら、私自身は会社員でかつ営業職からの独立開業でしたので、数字を最初に考えるのが当たり前だったのです。営業の数字は、企業が存続発展するための必達数字として上から降りてくるだけでした。ですから、自分が独立したときには、まずどこを目標にするのが最適なのかを考えました。

そこで私は、まずは会社員の年収を目指すことにしました。ざっくり収益を考えたときには、ほしい金額の倍ぐらいの売上を目指すイメージです。20万円の手取りがほしければ、40万円の売上のイメージです。開業当初の皆さんのお話を伺っていると、手取りが15万円（売上30万円）ぐらいを希望する方が多いように感じました。

年間売上を組む場合には、それを月々の実行目標に落とし込まなくてはなりません。毎月同じペースで働いて、同じペースで集客できるとも限りません。だとすると、月の変動値も含んで、毎月の目標値とそれを達成するための必要人数が出てきます。

その人数を集めるためには何をしたらいいのか。ブログやFacebookをどう活用するか、どの時期に募集をかけて、どの時期に集中的に集客をするかなど、**年間計画を立てればおのずと集客の動きが決まってきます。**

ただ漠然と**「集客できない」**という事象に流されるのではなく、積極的に数字をコントロールして、そこに合わせて集客していくイメージをもちましょう。

たとえば、人の気持ちが新しいことを始めるのに向いている4月などは、絶好の機会ですから、新生活応援キャンペーンなどもできます。10~12月は、ハロウィンやクリスマスなど何かとイベントが多い季節なので、イベントレッスンの予約が入りやすいです。

すべて計画から逆算して行動が決まります。

4月生の予約がほしいなら、2月頃には概要もすべて決まり、募集をかけているイメージです。**目標数字**をコントロールしようと思ったら、必ず**行動計画と一致**してきます。ゴールから設計して導線を組むという考え方は、**WEBの設計も売上計画も一緒**です。

6 黒字体質を維持するお金の使い方

教室を運営して収益が残った場合、そのお金は全部使っていますか？　また、赤字スレスレで経営している場合でも、その後の飛躍を考えて先行投資などしていますか？

ここでいう「投資」とは、「株や不動産」などの投資のことではありません。教室を経営して黒字を維持していく、または拡大していくために**必要な「自己成長」のための投資**です。もう少しわかりやすい教室の事例を挙げましょう。

あるレッスンがすごく人気になり、集客もでき、売上も上がったとします。その資産があるときに、「次の戦略」を考えられるかということです。

たとえば、人がたくさん来て認知されるようになったら、同時展開で「他のクラス」にも誘導して、さらに継続して通ってもらう。また、いまひとつ人気のないクラスを閉鎖して、人気クラスの枠を増やす。人気クラスの継続クラスを作り、通い終わる前に提案する、などがあります。

売上が好調なときに、**その収益を次の投資に充てることができるかどうか**が、結果的には黒字体質を作る一つの境目になるようです。ちなみに私自身は、人気クラスができるたびに不人気クラスを閉鎖し、新しいクラスをリリースして半年ごとにリニューアルしながら教室を継続してきました。

もちろん、自分自身の研さんも欠かせません。新しい知識や技能を学んだら、それを教室に還元してレッスンを作る、また、収益が出たら宣伝媒体（ＨＰやブログ）などにもお金をかけていく、そんなことを繰り返してどんどん売上を拡大していきました。

途中、売上低迷も経験しましたが、トータルで６年連続右肩上がりの年度末決算を迎えることができているのは、この**「継続的な投資」**によるものだと思っています。うまくいって収益が残っているときほど、効果を見極めたうえで自身の学びや周辺環境整備（ＷＥＢツール全般を含む）に投資してほしいです。

現状維持は停滞ではなく衰退になります。うまくいっているときにこそ、**未来のために先行して投資する**ことが黒字体質を維持し続けるコツになります。

常識は自分が作り出している幻想の壁

私はコンサルの最中によく「なぜそう思うの？」とクライアントに問いかけています。すると大抵皆さんは「え？」という顔をされます。

はい、そうなんです。

ご自身のなかで「正しい」と信じていることを客観的に見た場合、「それだけが答えではない」という場合もあります。そもそも「正しい」という概念自体が違っている場合もあるのです。

自分の常識は他人にとっては非常識という思考は、先生自身に限ったことではなく、生徒さんへのサービスを構築する際にも影響します。

たとえば、一番多いのはレッスンへのお誘いについての壁です。先生自身が生徒だったときに感じたように、「しつこいと思われるんじゃないか、嫌われるんじゃないか、と不安でなかなか案内できない」というお話をよく伺います。

しかし生徒さんはあなたではありません。あなたは嫌だったかもしれませんが、生徒さんは全然平気かもしれないのです。もちろん、あまりにも気持ちを無視したようなタイミングや、いい方をすれば嫌われるかもしれませんが、まずは聞いてみないとわかりません。そうやって、自分にはない性格をもった人とコミュニケーションをとっていく必要があります。

もし、あなたが人からどう思われるか不安があって答えを知りたければ、まずは実際に聞いてみる、行動してみることが大切です。そして、意を決して聞いたわりには、案外あっさりと何とも思われていなかったと気づかされることが多いはずです。人は自分が思うほど、他人に興味をもっていないので、あまり過敏に反応する必要はありません。

つまり、「自分の固定概念」と「執着心」はないほうが楽です。執着は嫉妬も生みますし、自分も苦しくなります。よく思われたい、嫌われたくないと思えば思うほどそれが執着になり、相手も自分も縛ることになります。〝飛常識な思考〟においては、執着心を解放することもテーマの一つになります。

たとえば、他の教室に行った生徒さんに対して、ことさら冷たくしたり、挙句の果てに「もう来なくていい」なんて思ったりするのはナンセンスです。その生徒さんは他のことも習いたかった、タイミングでそういう時期が来たというだけだと思えば、そんなに不快な思いにとらわれることもありません。執着はしないことです。実際にまた来てくださる可能性もあるわけですから。「追えば逃げる」のは、お金も男性も生徒さんも同じです。

自分の常識の範囲で、すべての人が想定内に動いてくれるわけではありません。だからこそ私は、「自分軸の常識」はいらないと思っていて、いつでもニュートラルで、素で振る舞えるのが理想の状態だと思います。

この状態であればいつでも楽しいですし、そんな楽しさに共感してくれる方が自然と周りに集まってきます。人は明るいところに引き寄せられるので、結果として、磁石に吸い寄せられるように人が集まってきます。私が知っている超人気教室の先生も「磁力のある女性」が多いです。

「自分軸の常識」はこれはできないという「限界の壁」と似ていて、この限界の壁

Column Chapter 8 常識は自分が作り出している幻想の壁

を作っているのは、他でもない自分自身です。

実は、限界の壁なんて幻想で、人には本当は限界値などなく、いつでも自由になんでもできるのではないかと思っています。しかし、現実には人それぞれの事情やしがらみもあるため、難しいこともかもしれません。

ただ、もしも現実がそうだとしても、「常識は自分が作り出している幻想の壁」だとすれば、その壁はいつでも簡単に消し去ることもできるはずなのです。

そして壁がなくなれば、ダメだと思っていたことでも打開策が見つかり、現実もそれに応じて変えていくことができます。

だから私は、「障害＝壁」と思われているものは、自分が〝飛常識な世界〟を信じた瞬間から「未来を開く扉」になると信じています。

扉を開く鍵は、あなた自身です。このマインドがあれば、教室運営の延長線上に起こるさまざまな障害も軽々と乗り越える、しなやかな経営ができると思います。

第８章まとめ

教室を長く継続したいと思うなら、数字の管理は必須事項です。

数字は自分が主体になって考えると、コントロールできるようになります。売上も集客も計数管理ができるようになると、改善点が見えて軌道修正ができるようになります。

数字への苦手意識を減らして上手につき合うことが、長く継続できる教室を作る一つのコツです。

第9章

教室作り九つのコツ
～飛常識なマインドで生徒さんを引き寄せる～

〝非常識〟と〝飛常識〟の違い

世間一般には**「非常識」**が通常使われる言葉です。

「非常識」という言葉を辞書で引くと、**「常識のないこと。常識を欠いていること」**という説明があります。この言葉を聞くと、「常識が正しくて、非常識はまちがっている」というニュアンスが強いように思います。どちらかというと、ネガティブな言葉です。

では逆に**「常識」**とは何でしょうか？　辞書で引くと**「一般の社会人が共通にもつ、またもつべきふつうの知識・意見や判断力」**とあります。一般の社会人が共通にもつ認識は、秩序立った現実社会ではもちろん必要です。赤信号なのに車を走らせたら、事故になりますし。

私が提唱する**〝飛常識〟**とは、常識がないという意味ではなくて、**「常識を飛び越える」**というイメージです。

つまり、**常識を軽々と越えて自由に発想と行動ができる**——そんな意味合いを強くもたせるためにこの言葉を使っています。なぜなら私は束縛が嫌いで、自由が好きだからです。「飛常識な思考で考えると、「これをやらなくてはならない」とか「こうしなければこう見られてしまう」とかいう概念をはずせます。新しい自分軸の世界観を作り出す思考の原点になります。すると自由に発想できて、軽やかに行動していくことができます。

これは新しいモノを創り出す**クリエイティブな世界観**です。

教室開業には欠かせない〝**飛常識思考**〟をぜひ生徒さんにも、もってほしいと思います。誰かの意見に依存することなく、振り回されることなく、凛とした強い自我をもち、混沌とした時代を生き抜くしなやかな女性像——それは私自身の憧れでもありますが、私のクライアント、皆さんにもそうであってほしいという願いもあります。

最終章となる第9章では、世間一般にいわれていることを〝**飛常識な観点**〟から読み解いていきます。皆さんが新しい世界を認識する一つのきっかけになり、もっと自由に行動していいんだ、と思っていただけるならとてもうれしいです。

1 モチベーションは上げない

◆常識＝上げる
◆飛常識＝上げない

一般的には仕事がはかどらなくて気分が乗らないときに「あ〜あ、モチベーション上がらないなぁ」というセリフを聞くことがありますよね。

通常、人はモチベーションを上げるために「努力」をしたり、「気分転換」に違うことをしたり、その気持ちが上がるように努めることが多いはずです。

でも私の場合は少し違うのです。モチベーションが上がらないということはなくて、ある意味、「いつでも上がりっぱなし」という感覚が近いのかもしれません。毎日がごきげんで、楽しいことを見つけるように生きています。

以前にこんなことがありました。ビジネス仲間と「モチベーションが下がったときの対処法」というテーマで内輪の勉強会がありました。終了後、「下がったことがあるか」という質問がされたとき、30人のうち手を挙げなかったのは私1人でした。

結論からいうと、「モチベーションを上げる」から「下がる」のです。上げるということは、おそらくその人にとってよい状態を作り出すことになるので、上がり幅の分、逆に下がる可能性も高くなります。というより、上がった状態を維持できないから、下がってしまうのは必然です。下がるから、また上げる必要がある。その繰り返しです。

私がおすすめするモチベーションの扱い方は**「上げない」こと**です。

誤解されては困るのですが、無気力でいろ、ということではありません。正確には、中庸でいることをおすすめしています。**「中庸《ちゅうよう》」**とは偏ることなく、常に変わらないこと、過不足がないこと、つまり、ニュートラルな状態です。中庸でいると、バランスが取れて安定しています。私が目指すのは、この中庸の心です。周りに左右されることなく、自分の心に惑わされることもなく、一定のリズムを保ってビジネスに取り組みたいのです。

そのためには、飛常識なモチベーションの扱い方は**「上げないこと」**を推奨しています。

2 「あるもの」にフォーカスする

◆常識＝ないものをほしがる
◆飛常識＝あるものを生かす

「こんなふうになりたい」「こんな生活ができたらいいな」という思いは誰でも抱きます。

もちろん、私にだって、数年後は海外と日本を行き来して気ままに仕事していたいという目標もあります。夢や目標をもったり、それを原動力に頑張ったりするのはとてもいいことだと思います。

ただ、その思いが強すぎて「これが足りない」「こんな状態じゃダメだ」という向上心がそのまま自分への刃になって向かうとき、それはネガティブな感情を生み出します。「いまの自分の否定」から始まるので、満たされることなく走り続けることになります。

「足りないもの」にフォーカスするのではなく、**「あるもの」**にフォーカスすると、それだけで自分のなかにある宝の資産に気づくこともあるのです。

「ないもの」に目がいってしまう人の思考は、**相対心理**が強く働いているようです。つまり、自分のなかで**絶対幸福**の感覚がないので、他人の成功や富がうらやましく思えてしまう心理です。総じて、自分のなかに幸福の基準がなく、本当は幸せでも自己充足感がなく、進み続けることになります。

私は、実家が貧しくてお金でいつも苦労していましたが、人をうらやんだり嫉妬したりしたことはありませんでした。私はそのぶん、どうすれば好きなことを仕事にして人生を楽しめるかにフォーカスして、自分の才能を磨きながらいまの世界を一歩ずつ構築してきました。もちろん、いまも幸せですし、こういう環境を助けてくれているご縁がある方たちすべてに感謝しなくてはいけません。

幸せの絶対尺度は自分のなかにある。

そのことに気づくだけでも、人生をかなり豊かに楽しく生きていける〝**飛常識ライフ**〟を手に入れることができます。

3 1年で1億円よりも、10年毎年1000万円

◆常識＝1年で1億円
◆飛常識＝10年毎年1000万円

例えとして金額のインパクトが大きいので書いてみましたが、簡単にいうと、1年で1億円もうけるのと、10年間毎年1000万円もうけるのと、どちらがいいのかということです。

ふつうは1年で1億円がいいと思ってしまうでしょう。そのほうが実際に簡単であるという話も聞いたことがあります。難しいのは**「継続すること」**です。つまり、毎年きちんと1000万円もうけるほうが難しいということです。

この事例の真理は**「商売は誠実でないと長続きがしない」**という意味です。人を騙すような詐欺まがいのことをすれば一時的に稼げるかもしれませんが、その反動は必ず来ます。

ビジネスは「継続してなんぼ」と思っているので、地道にやっていくことが大切です。

教室の運営については、もともと大もうけできるタイプのビジネスモデルではありません。**労働集約型産業**なので、自分が動いたぶんがイコール収益になるタイプのモデルです。もちろん、大きく成長させるために、協会を作ったり認定制度で門下生を作ったりするのであれば話は別です。

でも通常、先生が生徒さんに料理を教えるという構造上では先生のパワーが収入の限界になります。ですから、不自然な大もうけということはできないのですが、逆に運営が安定していないと廃れてしまい、閉鎖を余儀なくされる教室が多いのも事実です。

誠実な事業運営は信頼関係を作ります。根強いファンに囲まれる先生というのは、必ずその核をもっています。10年以上続く教室は、先生がコツコツと誠実に積み上げてきた信頼関係があるところがほとんどです。皆さんにも、**瞬間的な利益よりも継続的な信頼関係**を仕組みに取り入れることで長く続き、生徒さんに愛される教室を作っていただきたいと思っています。

一発屋の芸人よりも、長くファンに愛され続けるユーミンを目指しませんか？

4 お金を稼ぐことを躊躇《ちゅうちょ》しない

◆常識＝躊躇する
◆飛常識＝躊躇しない

料理・パン・お菓子業界の先生とお話したり、コンサルをしたりしているといつも感じるのですが、皆さんとても人柄がいい方ばかりなのです。

そして教室運営については、ほぼ9割近くが赤字スレスレ、もしくは赤字という教室が多いのも、この業界に入ってわかった事実でした。

おそらく、「清貧」という言葉がそのままある世界なのだと思います。清貧とは、私欲を捨てて正しい行いをしているために、生活が貧しく質素であること、という意味なのですが、これが取り違えられているように感じます。

日本人の美徳とも呼ばれる概念なので意見の賛否が分かれるところですが、それでも私のスタンスは**「稼いでいい」**としています。

お金は目的ではなく手段です。お金がたくさんあればよいというわけではない、女性の働き方も理解しています。家族とのだんらんの時間もほしい。もちろん、そういう働き方をしたいから自宅教室開業を選ぶ方も多いのです。ただし、趣味レベルではなく、ある程度きちんとビジネスとして収益を上げたいのであれば、マインドの変換は必要です。

それは、**「稼ぐ」ということに躊躇しないマインド**です。生徒さんが喜ぶから安くする。生徒さんが喜ぶなら何でも要望に合わせて提供する。それであなたは幸せですか？

もしも幸せですといい切れるなら、それでよし。でも、そういい切れないなら、**「稼ぎたい」**と思っている自分の気持ちにきちんと許可を出しましょう。

あなたもハッピー、生徒さんもハッピーでいられることが一番です。必要以上に安く設定すると自分も苦しくなるし、質のよいサービスを提供しにくくなります。お金は喜びの対価です。そして生徒さんと先生も対等です。

自分の気持ちに自由になりたいなら、**稼ぐことを躊躇しない**こと。料理業界の飛常識にチャレンジしてみてください。

5 ほしい未来を過去にする?!

◆常識＝未来は未来のまま
◆飛常識＝未来を過去にする

私の友人で面白いことをいう人がいました。

「未来から見ると現在が過去になる」

なるほどそうだなぁ、と思って話を聞いていました。どこの視点で〝現在〟を捉えるかという話なのですが、なかなか興味深いです。

この視点で考えると、**現在の活動がそのまま未来を創っている**わけですが、逆に未来を先に設定してしまえば、現在の活動が決まってきます。

私の活動はそういうイメージが多いです。たとえば、現在こうして私は本を執筆していますが、今年の年頭に「出版する」と決めていましたし、年末には出版パーティーも開催して、翌年には全国出版ツアーをすることはかなりリアルなビジョンとして私のなかに刻まれていました。

まだ、原稿も書いてなく、企画書すら通るかどうかもわからない、まったく未知の手探り状態だったにもかかわらずです。でも現在はそのとおりになっているし、きっと来年私はセミナーツアーをしていることと思います。

なぜそう思うのか。それは私がそういう未来を決めているからです。

そもそもビジョンが描けなければ行動もしようがないし、誰かから助言をもらうこともできません。未来をイメージして行動することは、現在を過去にして、未来のために現在の行動を必然にする――そんなロジックだと思っています。

「思考は現実化する」という言葉がありますが、思考が未来を創るものならば、現実は後からついてくるものになります。

「未来を過去にする」という飛常識発想を身につけると、ほしいものを引き寄せる――これホントです。ぜひ皆さんにも実感してほしいと思います。

6 自分のもっている知識をフルオープンにする

◆常識＝オープンにしない
◆飛常識＝オープンにする

私の教室にいらっしゃる生徒さんに、こんなことをいわれたことがありました。

「先生はどうして、すべてを惜しみなく教えてくれるんですか？」

私は最初、意味がわからず「全部教えてもらえないことがあったんですか？」と伺ってみました。すると「はい、ここまでは教えるけど、これから先は追加でお金をいただいたらお伝えします」といわれたとのことでした。


教室の運営方針とスタンスは各教室さまざまですし、それを決めるのは教室の運営責任者ですので、私が何かをいう筋合いではないのですが、一つだけいえることがあります。

それは、**「人気教室の先生は、例外なく知識の出し惜しみをしていない」**ということです。たくさんの教室を見てきましたが、まず人気教室といわれている先生は、そのときにいらっしゃっている生徒さんに本当に惜しみなく情報を提供しています。知識や技術レベルの話もありますが、プライベートでのおいしいお店や、雑貨など皆さんが喜ぶ情報を仕入れては、きちんとお伝えしているのです。当然生徒さんは喜びますし、感謝もします。

遠方から飛行機や新幹線を使って通ってくださるような教室には、共通の魅力があります。その魅力とは、**「磁力」**です。生徒さんが思わず引き寄せられてしまう、そんな先生の魅力です。「また会いたい！」「また行きたい！」と生徒さんが思ってしまう教室にはまちがいなく**「磁力」**があります。この磁力は出し惜しみしていては発揮されません。すべてフルオープンにして、初めて魅力が開花します。集客をしなくても、結果的には集客できてしまう教室ができ上がります。いわゆる**「集まってくる教室」**です。

知識は出し惜しみしない。私の座右の銘は**「一期一会」**。奇跡の出会いに感謝して、すべてを学び切って、満足していただくことに全力を傾けましょう。

7 コップに水が半分入っているとき

◆常識＝半分しかない
◆飛常識＝半分もある

開業アカデミーを通して受講生の姿を見ていると、彼女たちのメンタル部分が、その先に進む急進力を左右することをよく実感します。

一言でいうと、一つの事象を**「暗く捉えるのか、明るく捉えるのか」**という思考の癖です。これ、あなどるなかれ。この捉え方が、売上も人間関係も教室の生徒さんとの関係も、すべてに共通するベースの思考になるので実はとても大事です。

わかりやすく例を挙げます。

水が半分しかない、と暗く考える思考は、**「あとこれだけしかない」**というマイナス感情に目が向いている状態です。焦ったり、悲しんだりする感情を呼び起こすこともあります。そして時には、強い執着心を引き起こすことすらあります。

逆に水が半分もある、と明るく考えることができる人は、**「まだどうにかできる」**というプラス面に目が向いています。最後まで諦めない粘り強さがある気質です。心にも余裕があるので、執着心も少ない方が多いです。

「これだけしかない」という気持ちになっていると、「なくなる、もしくは奪われる」という恐れを抱きがちです。「まだこれだけある」と思えれば、そこから先もう一踏ん張りがききます。

また、時間に関していえば、ネガティブ思考の方は、まだ時間があるのに諦めるのが早く、ポジティブ思考の方は最後まで諦めない傾向があります。イベント集客などをするときに、たとえば、制限時間のギリギリ1分までやり尽くせるか、告知し尽くせるかどうかは、ポジティブ思考が支えます。諦めない人は最後の最後までやりきります。もちろん私自身もそういうタイプですし、その一踏ん張りが積み重なると、いずれ大きな差となって現れることがあります。

「勝負は最後の1分から」といいますが、どんな逆境からでも這い上がり立ち上がれるマインドがある人は、何度でも立ち直れるからやっぱり強いのです。

8 楽しいから笑うのではなく、笑うから楽しい

◆常識＝楽しいが先
◆飛常識＝笑うが先

通常、私たちは楽しいことがあるから笑います。悲しいことがあるから泣きます。ビジネスをしていると、すべてが順風満帆にうまくいくばかりではありません。私も実際に、開業3年目に大きなピンチを経験しました。結果としてはチャンスに変わったわけですが、そのときの気持ちは正直にいって、笑うどころの騒ぎではありませんでした。

とにかく、当たり前のように入っていた予約が入らないのです。脂汗がじんわりと出てくる感覚を初めて味わいました。それでもその状況を改善するべく信頼しているメンターの言葉と自分自身を信じて、とにかく淡々とやるべきことをやり続けたのです。

そんなとき友人の1人が私にいいました。「とにかく笑ってみて。そうすれば必ず状況は好転するから」と。最初はなんで？　と思ったのですが、とにかくあのときの私は信じられる人の言葉なら何でも実践していたのです。

笑ってといわれて、正直そんな気分ではなかったのですが、意識して笑顔を作るようにしました。人と話すときも、とにかく楽しく笑顔にするようにしたのです。

そうしたら、なんだか悪い状態も大したことないような気分になってきたのです。心が落ち着いたというか、初めて自分の顔をきちんと見る余裕が出てきました。確かに厳しい状況になってから顔が無表情に近くなっていることに気づき、これはよくないよね、と。

「笑う門には福来《きた》る」という言葉のとおり、縁と運を引き寄せるのはやはり**「笑顔」**。これだよね、と思いました。

「健全なる精神は健全なる身体に宿る」といいます。やはり、教室の先生には状況が厳しいときでも、生徒さんにとっては太陽のような明るさをもった人でいてほしい。だから、楽しいから笑うのではなく、まず笑ってほしいのです。そうすれば、いつでも笑顔の先生に自然と生徒さんも集まってきます。

9 6割の自分にOKを出す

◆常識＝100パーセントの自分にOKを出す
◆飛常識＝60パーセントの自分にOKを出す

よくクライアントと話をしていると、「きちんと仕上げてから発表したいので、まだ告知できません」という方がいます。もちろん、準備はしっかりしたほうがいいに決まっています。でも、**ネット集客においては少しコツが違う**のです。

その**コツとはスピード**です。完璧に仕上げたとしても評価するのはお客さまです。そのため、60パーセントの完成度でも、残りの仕上げはお客さまの反応を見て修正して仕上げていくという柔軟な考え方も必要です。完璧主義の人はこの辺りが苦手です。

どうしてその気持ちがわかるかって？　私もそうだったからです。

「ここまで仕上げたいのに！」という手前でも、とにかく発信していくほうが反応を見ることができるので、結果としてよりよいものを作っていくことができます。

ここが、教室の先生がハマる落とし穴です。なぜかというと、教室の先生は職人気質で、完璧に仕上げて発信したい人が多いからです。


ネット集客においては、1個の完璧なものよりも5個の60パーセントを出してみて、どんどん修正する人のほうが早く、欲する成果にたどり着けます。**スピードと成果は比例します。**完璧を目指すとスピードが停滞します。ここはある程度の見切りが必要な部分です。

そして、もう一つ大切なことがあります。それは、この60パーセントで発信したものは、修正点が出てくることも多いため、面倒がらずに即修正していくことです。これも大きなポイントであり、よくセッションしていて話題に上がる話です。

「ここ、新規の生徒さんにはわかりにくいですよね？　直したほうがいいかもしれませんね」というと、「あぁ、わかってるんですけど、時間がなくて」という方が多いです。わかっているなら、即修正するべし。そのフットワークの軽さが成功を引き寄せます。

60パーセントの自分にOKを出す。その代わり柔軟に迅速に修正していく行動力が成功の秘訣です。

おわりに　～束縛を脱いで自由を着る

私が自分の教室や事業のメインテーマにしていることは「自由」であることです。

それは、すなわち〝飛常識〟であることと相似しています。

私自身が会社員から独立して、教室を開業したことで手に入れた三つは、「時間」「お金」「気持ち」の自由でした。好きな時間に好きなことでお金を稼ぐ、というのは会社員時代に夢見ていた私のライフスタイルだったのです。

もちろん、私自身は「趣味が仕事で、仕事が趣味」と周囲にいっているほど「好きなことしかしない」というスタンスを決めて独立開業しているので、ほぼノーストレスで楽しく仕事を満喫しています。ただ、この考え方は最初から身についていたものではありませんでした。開業後、お金を優先して気持ちが向かない仕事を請けるべきか悩んでいたとき、ある人からいわれた一言がきっかけになり、いまの私の軸ができたのでした。

その一言とは、

「せっかく自由の身になったんだから、お金にとらわれずに好きな仕事をしたらいい。

それが自分で仕事をするうえでの一番の醍醐味でしょ」

というものでした。

当時の私にとっては衝撃的な一言でした。なぜなら、気が向かない仕事をお金のためだけに請けてしまったら、結局、会社の指示で仕事をして、その対価にお給料をもらっていた会社員時代と変わらないことに気づかされたからです。その後、自分がどういう仕事をしたいのかという価値基準を決める、根幹に関わる一言でした。

「そうだ。私は自由を手に入れたくて独立したんだ。だから、そのスタンスは守ろう」という舵取りをして、本当にやりたいこと、一緒に仕事をしたい方とだけ仕事をすることにしたのです。

目先の利益を追いかけない、自分の気持ちに素直になって、やりたいことだけやっていくと決めたのです。

そうしたら、そこから180度世界が変わりました。私がわくわくすること、好きなことしかしないと決めたら、好きな仕事だけが目の前に展開されていったのです。

やりたくないことはやらない、無理はしない。そのスタンスですべてをジャッジしていくと、本当に楽しいこと、わくわくすること、好きなことだけしか手元に残らなくなりました。もうこれは、楽しい以外の何ものでもありません。毎日がわくわくで、ハッピーデーになりました。もちろん、いまでもそのまま地のままで生きています。

そんなふうに、自分のやりたいことで仕事ができるのは幸せなことなのに、「集客」という手法をうまく取り入れられなかったために、閉鎖を余儀なくされる教室を見るにつけ、この人たちを救いたいと思う気持ちが強くなりました。

せっかく培った先生の技術や、先生を慕って喜んで通っている生徒さんの笑顔をそのまま残したい。「自分の好きなことで、わくわくする人生を生きるのは最高にハッピー。だから、その人生を創るお手伝いをしたい」と思ったのが、私がコンサルタントになったきっかけです。

私自身は会社員からの独立でしたので、最初にネット集客に力を入れて学びました。投資した金額と時間はかなりのものでしたが、そのぶん自分の教室で知識を実践してデータを取り、その実践内容をアレンジして現在のクライアントにコンサルしています。

教室の先生は技術職、職人気質の方が多いためWEB集客関連が苦手な方が多くて、ネットの情報弱者なのです。それでも時代の流れについていくなら、出会いたい未来の生徒さんと上手に出会える手段として活用するなら、やはりネットが最強の武器であることはまちがいありません。

そんな背景から、本書は私の実践データを基に、ネット集客の概要と考え方、ノウハウを中心にお話ししました。また、その考え方は単なるノウハウではなく、「なぜそれが必要なのか」「それをする理由はなぜなのか」という根本の考え方をお伝えしているので、たとえ今後、世のなかの流行のツールが変わっていったとしても、そのまま使えるビジネスの考え方といえます。

ツールは単なるツールでしかありません。それをどのように組み立てて、使っていくかがポイントになります。個人のもともともっているスキルも違いますし、得意なジャンルも違います。そのあたりも含めて自分に置き換えながら、メディアをミックスさせて応用できる実践アイデアをお伝えしたかったのです。

そして、本書のなかで全編にわたって特にお伝えしたかったことは、「マインド」です。ノウハウ本には本来無縁の領域かもしれませんが、私がたくさんのクライアントを実際にコンサルしてきて一番重要視しているのが実は「マインド」なのです。

気持ちと行動はどうやっても切り離せません。マインドが整わなければ、そもそも前に一歩も踏み出すことはできないですし、少々のことがあってもへこたれないバイタリティをもって突き進んでいく強さを得ることもできません。このマインドこそが、事業を、集客活動を加速させる一番の要因であると気づいたときから、ノウハウと同時にマインドの部分も含めて引き受けて併走するコンサルティングに切り替えることにしました。

私の肌感覚で感じているイメージでは、マインドを先に整えると、その後の成果が出る速度は3～5倍、場合によって10倍ぐらいに加速します。

そして、そのためにどうしても必要なのは、「既成概念からの脱却」です。

自分が自分を縛っている束縛を解いて自由な発想ができるようになるなら、やりたいことは何でもできるようになります。実際に私はそうやって生きてきました。

――【束縛を脱いで自由を着る】

この行動を実現するために必要な思考が、〝飛常識な思考〟といえます。

だから、私はそうやってクライアントの鎖を一つずつはずしながら、自らの翼で飛べるように、自由に羽ばたけるようにサポートしています。

本書を手に取ってくださったすべての方が、〝飛常識〟な思考を少しでも取り入れてくださり、「もっと自由に生きていいんだ」と人生を謳歌する、ごきげんな女性がたくさん増えることを楽しみにしています。

そして、そういう女性が増えることが私にとっての何よりの喜びでもあります。

最後に、この本を出版するにあたり、私の師匠でありコンサルタントでもある平賀正彦先生と菅谷信一先生、温かく見守ってくださった合同フォレスト株式会社総合事業本部長山中洋二さま、出版制作室室長山崎絵里子さま、そして出版のきっかけを作ってくださった書籍コーディネーター有限会社インプルーブ小山睦男さま、この本の出版を心待ちにしてくださった私の生徒さん。

皆さんのおかげで、数年越しの出版が実現しました。

いい尽くせないほどの感謝と愛を込めて、心よりお礼申し上げます。

本当にありがとうございました。

2017年11月

〝飛常識〟な経営コンサルタント

高橋貴子

Profile

高橋貴子
（たかはし　たかこ）

株式会社 Libra Creation 代表取締役
“飛常識”な経営コンサルタント

2011 年から神奈川県横浜市で、七つの天然酵母を楽しむパン教室「アトリエリブラ」を主宰。他にはないオリジナルのコースで、全国から生徒が通う人気パン教室となる。前職はツアープランナー、インテリアコーディネーター、ブライダルバンケットプロデューサーなどを経験し、事業部長も務めた営業 22 年のビジネスキャリアを持つ異色のパン講師。
パン教室運営の傍ら、自身の電子書籍のレシピ本をきっかけに、電子書籍の出版コンサルタントとしても事業を展開。ビジネスに活用する電子書籍出版を指導する。
その後、パン教室の運営実践データを元に、さまざまなジャンルの教室開業・集客コンサルタント事業を開始。
2015 年より「Living 起業アカデミー」を開講。女性の自立と自宅教室開業を支援する。自由な思考で未来を創るビジネスマインドを伝える「“飛常識”な経営コンサルタント」である。

～読者の皆さまへ～
三大特典プレゼント

①教室運営を軌道に乗せる！
知っておきたい売上アップ５つのコツ
無料動画レッスン

登録はこちらから
http://ur0.link/GL1G

②毎月先着 20 名さま限定！
高橋貴子からの個別アドバイス
無料ＷＥＢサイト診断　５分動画コメントプレゼント

お申込みはこちらから
http://ur0.link/GKpU

③高橋貴子とダイレクトにつながる！
ＬＩＮＥ＠
「“飛常識”に人生を楽しむごきげん集客ライフ」

高橋貴子ＬＩＮＥ＠ＩＤ：
@ takako555

＊無料動画レッスン・無料ＷＥＢサイト診断ともに、予告なく提供を終了することがありますので、ご了承ください。

企画協力　有限会社インプルーブ 小山睦男
組　　版　吉良久美
装　　幀　吉良久美
校　　正　春田 薫

**趣味から卒業！
しっかり稼げる自宅教室の開業・集客バイブル
～ WEB・SNS・数字を味方につけて、
月商50万円・10年続く教室を目指そう！**

2017 年 12 月 20 日　第1刷発行

著　者　　高橋　貴子
発行者　　山中　洋二
発　行　　合同フォレスト株式会社
　　　　　郵便番号 101-0051
　　　　　東京都千代田区神田神保町 1-44
　　　　　電話 03（3291）5200　FAX 03（3294）3509
　　　　　振替 00170-4-324578
　　　　　ホームページ http://www.godo-shuppan.co.jp/forest
発　売　　合同出版株式会社
　　　　　郵便番号 101-0051
　　　　　東京都千代田区神田神保町 1-44
　　　　　電話 03（3294）3506　FAX 03（3294）3509

印刷・製本 株式会社 シナノ

ISBN 978-4-7726-6099-0　NDC 673　188 × 130